非上市公司
股权激励一本通

■ 第2版　单海洋　著

北京大学出版社
PEKING UNIVERSITY PRESS

内 容 提 要

当今社会,企业竞争日趋激烈,实行股权激励机制可以将企业利益和经营者及员工利益有效地结合在一起,能够减少企业管理者在实施管理过程中的短期行为,是企业制度中不可或缺的一部分,能够帮助企业实现长久、稳定的发展。

本书详细地介绍了股权激励的各种细节问题,包括企业在生产过程中遇到的各种股权问题。主要介绍了实施股权激励的原因、股权激励的具体落地方法、股权激励实施过程中遇到的风险和防范策略,以及实施股权激励对于老板和员工的重要意义,等等。

本书通过对时代背景下的经济形势进行分析与解读,对股权激励的具体内容进行了深入探索,为企业团队实施股权激励提供了可靠依据。书中有观点、方法和案例,覆盖全面且解读深入,旨在帮助非上市公司进行股权体制的建设。

图书在版编目(CIP)数据

非上市公司股权激励一本通 / 单海洋著. —2版. —北京:北京大学出版社,2019.7
 ISBN 978-7-301-30387-0

Ⅰ.①非… Ⅱ.①单… Ⅲ.①股权激励—研究 Ⅳ.①F272.923

中国版本图书馆CIP数据核字(2019)第041623号

书　　名	非上市公司股权激励一本通(第2版)	
	FEISHANGSHI GONGSI GUQUAN JILI YIBENTONG(DI-ER BAN)	
著作责任者	单海洋　著	
责任编辑	吴晓月	
标准书号	ISBN 978-7-301-30387-0	
出版发行	北京大学出版社	
地　　址	北京市海淀区成府路205号　100871	
网　　址	http://www.pup.cn　　新浪微博:@北京大学出版社	
电子信箱	pup7@pup.cn	
电　　话	邮购部 010-62752015　发行部 010-62750672　编辑部 010-62570390	
印刷者	北京宏伟双华印刷有限公司	
经销者	新华书店	
	720毫米×1020毫米　16开本　13印张　204千字	
	2019年7月第1版　2022年3月第6次印刷	
印　　数	19001-24000册	
定　　价	58.00元	

未经许可,不得以任何方式复制或抄袭本书之部分或全部内容。
版权所有,侵权必究
举报电话:010-62752024　电子信箱:fd@pup.pku.edu.cn
图书如有印装质量问题,请与出版部联系。电话:010-62756370

再版序
FOREWORD

  企业实行股权激励制度是企业和人才共同协作的必然结果。实行股权激励机制，需要以企业的实际情况作为依据，站在战略角度，制订企业的股权激励计划，"不谋万世者，不足谋一时；不谋全局者，不足谋一域"。牢记股权激励是促进企业实现科学管理、经营进步的手段，把握好企业发展和员工个人成就之间的平衡，制定符合企业实际情况的制度，才能让企业在未来生存下来，并做大做强。

  本人立足中小企业股权激励制度实战咨询案例和亲自操盘的方案，总结经验教训，呕心沥血写下此书，立志帮助众多中小企业做大做强。其实早在2014年，我就曾出过一本这方面的专业书籍，名为《非上市公司股权激励一本通》。此书一经出版，就受到广大中小企业的热烈欢迎。书中介绍了大量股权激励的案例，针对性和实用性都很强，读者纷纷来信咨询，对广大中小企业制订与实施股权激励计划提供了很大帮助。但由于出版的时间较早，书中很多案例已经过时，随着时代的发展，现在的企业在股权激励方面又面临新的困境。这些年来，我们扎根于培训咨询行业，不断与读者交流，从读者的大量反馈中总结了很多新的问题和建议，而且我本人也有许多新的心得体会，所以此次出版，在吸收上一本书优质内容的基础上，又做了升级处理，增加了许多新的内容，希望能为国内广大中小企业实行股权激励计划提供有益的参考。

  书中主要介绍了实施股权激励对企业的作用——股权激励不仅适用于上市公司，对非上市公司的作用同样不容忽视。本书详细论述了企业股权激励制度从策划方案到落地实施的过程中需注意的"陷阱"；总结了企业高管经营企业所需具备的管理智慧——道、天、地、将、法；列举分析了实施股权激励需要注意的风险及对应的防范策略。

在编写过程中，我们总结了很多现代企业股权激励方面的成功经验和失败教训，希望能通过简洁通俗的语言，使广大读者了解企业股权激励计划从策划到实行的过程中可能出现的一系列问题。

时代在不断进步和发展，企业的管理理论也在不断变化和完善，国内企业在实行股权激励计划时，不能完全照搬国外企业的经验，要虚心学习西方公司的先进经验，再根据我国企业的实际情况，不断实践总结，争取能够有自己的认知和发现。书中如有失误或不足之处，欢迎广大读者及时指出（联系邮箱：751870735@qq.com），大家共同交流进步。

前言
PREFACE

随着公司股权的日益分散和管理技术的日益复杂化，世界各国的大小公司为了合理、高效地激励公司员工，创新激励方式，纷纷推行各种各样的股权激励机制。

股权激励机制：极具诱惑的创富机器

已逝的美国苹果公司创始人史蒂夫·乔布斯曾是"一元CEO"，即年薪仅一美元。但他手中握有企业的股票期权，因此他卖力地工作，让"苹果"重新"红"了起来。企业发展的同时，他也成为亿万富豪。

美国《财富》杂志的数据表明，20世纪末到21世纪初，在美国排名前1 000的公司中，有90%的公司对管理人员实行了股权激励机制。据统计，全球排名前500的大型企业，几乎全部实行了股权激励机制。全世界耳熟能详的企业，如微软、沃尔玛、IBM、戴尔、Google、联想、阿里巴巴……都是在股权激励的帮助下快速成长起来的，或者是历经艰难，通过股权激励又重新焕发了青春。

在中国，自从20世纪80年代企业第一次推行股权激励以来，已经有上百家上市公司和上万家非上市公司实行了股权激励机制。"员工持股""在职分红"和"金色降落伞"这些词已不再新鲜。很多企业在推行股权激励后，既令企业高管保持了高度的稳定性，又让企业业绩实现了飞速增长，其中的佼佼者已经开始和跨国公司比肩。越来越多的实例证明，股权激励机制已经成为现代企业提升绩效不可或缺的管理工具。

实行股权激励并非上市公司的专利

人们常说，经营企业就是经营人才，而经营人才就是经营人才的需求。企业实行股权激励，是满足人才需求的必由之路。无论是国美、苏宁，还是微软、IBM、Google，对于它们而言，股权激励既是一种利益分享机制，又是一种竞争工具和发展手段。实行股权激励,企业就有可能踏上高速发展的道路,基业常青;否则就会故步自封,让优秀人才大量流失,被一个个竞争对手所超越,最终沦落到被人收购、兼并甚至倒闭的地步。

也许有人持有疑问:前面所列的都是大型公司、上市公司,股权激励对非上市公司、成长型的企业是不是一样适用呢?答案是肯定的。以上市公司为例来介绍股权激励,一是因为上市公司的财务数据公开,便于说明问题;二是因为企业名气较大,更有说服力。虽然非上市公司由于财务数据的隐蔽性,不太适合作为案例来剖析,但是非上市公司中股权激励做得好的数不胜数,其中华为公司就是一个很典型的例子。当初任正非凭借几万元带着几个人开始创业,如今华为已发展成为全球销售收入超过7 000亿元、员工将近19万人的企业。在创业初期,华为没有一分钱的银行借贷,也没有从资本市场获得任何投资,企业发展困难重重,但凭借在内部实行股权激励,最终发展到了今天的规模。

我多年的研究结果表明,股权激励机制的实行在非上市公司成功的概率更大。原因很简单,员工不必过多关心宏观经济政策层面,也不必过多关注资本市场的"牛市"与"熊市",更不用担心股票是涨还是跌,只要一心一意提高本岗位的业绩就可以了。由此可见,股权激励并非只适用于上市公司,在非上市公司照样可以遍地开花,硕果累累。

股权激励是一门"聚财"的艺术

股权激励的核心,是要让被激励者从打工者变为企业主人翁,将自身利益与股东利益紧密结合,积极主动地参与企业决策、承担风险,并分享企业成长所带来的丰厚利润;积极主动地关心企业的长期发展与价值增长,从而促进企业一步步走向辉煌。

股权激励是一门"聚财"的艺术，形似散财，实则聚财。"散"是为了更好地"聚"。散得好，皆大欢喜，财散人聚；散得不好，硝烟四起，财散人散。相比上市公司，非上市公司的股权激励方案的制定与实施更为复杂和棘手，也更加考验企业家的格局和管理智慧。

除了提升企业家自身境界与格局外，对股权激励的有效实施起着至关重要作用的，还有在企业建立能够实现"上下同欲"的价值观体系。企业实际上是在搭建一个平台，以实现企业自身的梦想，并帮助员工实现梦想。股权激励让企业的核心高管、员工共享因企业发展而带来的好处。很多老板最初做股权激励的出发点都是出于私心，但后来他们慢慢地从"小我"变成"大我"，进而变成"无我"。有了这种胸怀，别人就会拥护他们，不知不觉中他们就站到了财富和权力的巅峰。

要想成功推行股权激励，产生财散人聚的积极作用，规避财散人散的悲剧发生，就要在鼓励竞争的同时兼顾公平，做到有理有据、各得其所。

公平的问题很容易解决。假设有一个苹果，让我来帮你们分，那么不管我怎么分，你们都会觉得不公平，最好的办法就是你们自己分。同样地，股权激励要想实现公平，需要考虑多方面的因素，尤其是要调动员工的积极性。我认为需要做到以下三点：第一，要保证有效的岗位评估，评估只与岗位有关，与人无关；第二，要基于对未来的创造，而不是对过去的贡献；第三，要结合职位系数和工龄系数，这是由中国企业现状决定的。相比之下，竞争的问题就比较复杂，这种复杂性更多地体现在股权激励方案制定的细节中，具体内容会在本书中详细讲解。

股权激励的四维模式

股权激励的四维模式是华一世纪企业顾问团队在总结大量股权激励咨询项目

的基础上，结合不同类型、不同发展阶段的企业特点和需求，独创的股权激励设计和实施控制模型。针对不同企业的现状与发展前景，提供量身定制的股权激励方案与保证实施效果的应对策略，能够有效解决企业在实施股权激励过程中的种种难题。

四维模式是指在实施股权激励方案时，从4个不同的维度综合权衡，这4个维度分别是激励目的、激励对象、激励时机及激励机制。

维度1：激励目的。也就是为什么要进行股权激励。这是万事之始，必须要搞明白。如果目的不明确，方向不清晰，股权激励必定会失败。但就算企业明确了股权激励的目的，如果这个目的是不纯的，那么也难逃失败的厄运。因此，明确股权激励的真正目的是实施股权激励的重点，也是众多企业不容易迈出的第一步。

维度2：激励对象。一般来说，激励的重点对象包括公司的董事、高级管理人员，以及对公司未来发展有直接影响的管理骨干和核心技术人员。如今，越来越多的普通员工也被纳入激励对象的范围。需要注意的是，在确定激励对象时，要综合考虑员工的职务、能力和业绩等相关因素，使之能够对企业的发展产生积极影响。

维度3：激励时机。企业所处的发展阶段不同，性质、规模不同，股权激励的目的不同，实行股权激励的时机也就不同。在这一维度的研究中，我们把企业发展分为初创期、发展期、成熟期和上市前期等阶段。每一个发展阶段，针对不同的激励对象，企业都应采用不同的股权激励方案。

维度4：激励机制。企业所处的行业不同，运用的激励机制就不同；企业所处的发展阶段不同，运用的激励机制也不同；同一发展阶段，针对的群体不同，运用的激励机制也不同。因此,要根据企业所处的行业、发展阶段及所要激励的群体,采用适当的方法组合设定激励机制。

一些企业在设计和操作股权激励方案时,总会面临很多技术难题。我们在解答管理咨询时,经常有企业家提出有关股权激励的疑问:这次拿出多少股份来激励员工比较合适?如何分配股份?虚股和实股如何选择?以什么价格出让?股权激励的模式都有哪些?……这些基本问题都将在本书中一一给出专业解答。

明确了这些基本问题,企业就可以开始制定和实施具体的股权激励方案了。在设计方案时,要统筹规划、科学计算、缜密安排,确保能根据企业的实际发展情况,选择合适的时机,针对不同的群体,组合使用多种股权激励方法,构建适合企业的股权激励整体方案。在执行时,则应确保股权激励"接地气",避免走弯路甚至背道而驰,好心办坏事。本书会结合具体的案例和实操工具,对以上问题进行深入的阐释。此外,本书还附赠了140分钟的高清教学视频,可扫描下方二维码关注公众号,输入提取码"65497"获取下载地址及密码。

相信通过本书内容的引导,企业可以做出适合自身发展的股权激励方案,形成"着眼未来、利益共享、风险共担"的激励机制,充分发挥核心人才的价值潜能,达到老板与高管同心协力的效果,共同做大企业的"蛋糕",建成中国一流、世界一流的企业,造就更多现实版的财富神话!

在本书写作和成书过程中，感谢如下企业和个人的支持与帮助。

企业/单位	职务	姓名
重庆市西南商标事务所	所　　长	任　萍
沈阳惠民生物技术有限公司	总　经　理	李光宇
重庆市仕城建筑工程股份有限公司	总　　裁	陈用中
浙江格莱美服装有限公司	董　事　长	王马良
北京晶艺炫甲美容有限公司	总　经　理	赵晶晶
北京蓝天瑞德环保技术股份有限公司	总　经　理	潘　忠
广东巴蒂米澜服饰有限公司	总　经　理	徐劲松
贵州省怀仁市茅台镇汉王酒业有限公司	总　经　理	何亚玲
北京森冠文化发展有限公司	首席出版人	高　丹
深圳市华夏方略文化传播有限公司	总　经　理	王　彦
深圳市华一世纪企业管理顾问有限公司	高级咨询师	陈　洲

目录 CONTENTS

第1章 股权激励,决定企业走多远 // 1
揭开股权激励的面纱 // 2
中小企业更要做股权激励 // 4
实施股权激励并非只为上市 // 8

第2章 细节定成败——股权激励方案"十二定" // 13
定目标:设定公司及各部门目标 // 14
定方法:用什么方法进行股权激励 // 19
定时间:在什么时候做股权激励 // 21
定对象:对哪些人进行股权激励 // 23
定数量:用多大的额度进行激励 // 28
定来源:增发股份是"做加法"还是"做减法" // 36
定性质:用什么性质的股份进行激励 // 37
定条件:在什么条件下才能拿到股份 // 40
定价格:股份是否要花钱购买 // 42
定权利:持股者拥有什么权利 // 43
定合同:被激励者是否要签署协议 // 45
定规则:确定股东的退出机制 // 53

第3章　八仙过海，各显神通——股权激励落地八法 // 57

　　针对非业务团队的股权激励机制——中西合璧法 // 58
　　针对核心高管的激励机制——超额利润激励法 // 77
　　针对核心高管的激励机制——在职分红激励法 // 85
　　针对核心高管的激励机制——"135渐进式"激励法 // 95
　　针对业务团队的激励机制——"五步连环"激励法 // 111
　　针对"明日黄花"的激励机制——"金色降落伞"激励法 // 128
　　针对"未来之星"的激励机制——精神内核激励法 // 131
　　针对企业上下游的激励机制——七步激励法 // 134

第4章　详解股权激励方案的风险与对策 // 139

　　让股权的价值更清晰 // 140
　　股权激励是一把"双刃剑" // 144
　　不同的持股方式，税收有差别，风险有大小 // 153
　　财务数据不一致给企业带来的信任危机 // 157
　　代持股权不是"神器"，股东要慎用 // 159
　　用错股权激励与技术奖励，本想留人却"失人" // 163
　　激励对象中途离职的风险与防范策略 // 166
　　没有制度约束的股权激励方案风险很大 // 169
　　离职员工股权回购的难题 // 171

第5章　实施股权激励，老板必备的管理智慧 // 175

　　道——经营需求 // 176
　　天——明确服务对象 // 178
　　地——企业创始团队 // 180
　　将——优秀的企业员工 // 181
　　法——经营管理的规矩 // 183

附录　股权激励模式的实操案例 // 185

第 1 章
CHAPTER 1

股权激励，决定企业走多远

揭开股权激励的面纱

中小企业更要做股权激励

实施股权激励并非只为上市

揭开股权激励的面纱

股权激励就是使员工通过获得公司股权的形式享有一定的经济权益，让员工能够以股东的身份参与企业决策、分享利润、承担风险，从而勤勉尽责地为公司的长期发展进行服务的一种激励方法。

"将公司股份或与股份有关的争夺权，以某种方式授予企业的高层管理人员和技术骨干，使他们能够分享因企业成长而带来的好处的制度安排"，这是西方社会 30 年前对股权激励的定义。股权激励授予的标的是公司股份或与股份有关的争夺权；激励的群体是高层管理人员和技术骨干。

◎ 中国模式下的股权激励

随着中国企业的不断发展与蜕变，结合西方对股权激励的探索和中国企业的现状，我们对股权激励有了新的定义。

第一，股权激励是实现企业家创业梦想的终极王牌。

第二，股权激励是让员工发自内心地忠诚奉献、主动承担责任的真正的动力源头。

第三，股权激励是用社会的财富、未来的财富及企业上下游的财富，在企业内部建立一套让所有利益相关者共赢的机制。

这是一种授予标的更多、激励群体更广的供应机制。就授予标的而言，股权激励用的是社会的财富、未来的财富和员工自身的财富，甚至包括企业上下游的财富，而不仅仅是企业股权或与股权有关的争夺权；就激励群体而言，股权激励的对象不再局限于企业的高层管理人员和技术骨干，而是所有的利益相关者。

纵观世界经济发展，无论是国家、社会组织还是企业，变革实质上都是机制引发的问题，即我们到底是为谁而干？干完了以后如何分配所得？对企业来讲，如果机制没有改变，那么导入任何管理模式都发挥不出太大的成效。股权激励是一种全新的机制，是一种企业家治理企业的智慧，是令企业基业常青的艺术。作为企业家，只有抱着"己欲立而立人，己欲达而达人"的理念，从经营员工的需求出发，帮助员工达成目标，才能顺利实现企业的发展目标。

◎ 股权激励≠股权奖励

股权激励本质上是企业所有者对企业经营者的一项长期激励制度。在这种制度的安排下，企业所有者让渡部分股权，利用股权的长期潜在收益激励企业经营者，促使其与企业所有者的利益保持最大限度的一致，以保证企业财富的持续增长。

股权激励机制重在"激励"两个字，这种机制的主要评判标准是基于企业经营者对未来的创造，而不是对过去的贡献。如果是基于对过去的贡献，则称为"奖励"，切不可将"激励"与"奖励"的概念混淆。

很多企业老板都希望在自己的企业内部导入股权激励机制，但是错把激励变成了奖励，公司把股份分出去后，不但没有收到预期的效果，状况反而比过去更差，致使股权激励趋于失败。表1-1所示为某公司做的股权激励计划，其设计思路是根据激励对象的职务和工龄来分配占股比例。

表1-1 某公司股权激励计划

序号	姓名	工龄	责任职务	现职务工龄	激励股数/万股	占总股数比例
1	张三	10	总裁	10	10	2.00%
2	李四	10	副总裁	5	8	1.60%
3	王五	8	副总经理	4	4	0.80%
4	赵六	8	副总经理	4	4	0.80%
5	陈七	7	副总经理	2	4	0.80%
6	马八	9	销售部经理	5	2	0.40%
7	郭智勇	6	研发部经理	6	2	0.40%

很多企业进行股权激励，都是依据表1-1所示的逻辑：什么人在什么岗位上工作了多少年，就应该获得多少股份。结果呢？股份分下去以后却适得其反，因为这种分配股份的方法会让所有人都觉得不公平。这种分配方式是基于每个人过去对企业的贡献而做出的安排，每个人都会认为自己对企业的贡献最大，应该多拿一些股份。例如，销售部经理马八心里会想："我在公司待了5年，创造了无数业绩，为公司的营销立下汗马功劳，你陈七才来公司2年，凭什么股份比我多？难道就因为你是个副总经理吗？"而副总经理王五心里可能也会嘀咕："我只不过比李四晚一年来公司，平时的贡献也不比他少，凭什么他就比我多拿一倍的

股份？"

"不患寡而患不均"，公司股份分得不公平，员工怎么会有积极性呢？如果是论功行赏，那么每个人都会觉得自己的功劳最大。更重要的是，既然是论功行赏，那一定是基于激励对象过去的贡献，而用过去的贡献所换来的东西，公司就应该早分给他们。换句话说，这些激励对象会认为，这些股份本来就是他们应得的，现在给他们也是理所当然。由此可见，这样做股权激励不但起不到激励的效果，反而会引起内部的矛盾，实在是得不偿失。对于老板来说，就这样稀里糊涂地把股份分出去了，以后想索回就很难了，这无形中也增加了企业的风险。

因此，激励不等于奖励。奖励是基于过去的贡献，而激励是基于未来的创造。

👉 中小企业更要做股权激励

有的老板可能会认为，只有大企业才需要做股权激励。其实不然，小企业也需要做股权激励。"既然不能给予员工现在，那就要给予员工希望与未来！"企业越小，越要进行股权激励。因为与大企业相比，小企业一无资金，二无技术，三无品牌，靠的就是用股权激励来吸引和留住人才。股权激励对企业吸引和留住核心人力资本、创造利益共同体、激励业绩提升、减少短期行为、促进长期发展有着重要意义。

◎ 机制决定统治

现代企业必须建立股权激励机制，原因在于股权激励定的不是"店规"，而是"行规"。

电视剧《乔家大院》中有这样一个故事：乔致庸有一名员工叫马荀，钱庄80%的生意都是经马荀的手办理的，他绝对是店里的一名业务精英。当初马荀离开家乡，千里迢迢来到关外当学徒，学做生意，为的就是能赚到更多的钱，过上更好的生活。

就是这么优秀的一个人，也提出了辞职。老板乔致庸非常不解，他跟身边的一位师爷说："真是想不明白，店里凡是能干的伙计，都想着离开。

相反，那些掌柜的，即使把店搞垮了，也没有一个提出要走的。"师爷笑着说："这不是很好理解吗？掌柜的有身股，年底有分红。伙计没有身股，也就没有分红，干着没有动力，所以就动心思要离开。所有的伙计都希望能当上掌柜的，这样到年底的时候就可以跟东家一起分红了。所以这些优秀的伙计千方百计要离开，就是希望能够到别人的店里去当个二掌柜或者三掌柜，总比在这里当伙计要强。"

一席话下来，乔致庸恍然大悟。经过思量，他率先在自己的店里推出"顶身股"制度：凡是店里的伙计，学徒出师工作满一定的年份，就可以在店里顶一份身股，可以与东家和掌柜的一样享受分红。按照这个制度，马荀满足条件，可以在店里顶二厘的身股，年底能分到240多两银子，是他平时工资的数十倍。

制度出台后，马荀马上找到乔致庸索回辞职信，说什么也不离职了。马荀跟乔老板说的一句话或许能代表全体伙计的心声："东家，您就让我留下吧，我保证以后好好给您跑街。实话跟您说吧，我现在不仅是为您干，也是为我自己干。"

乔致庸在自己的店铺实行"顶身股"（即股权激励）制度之后，他的生意对头——达盛昌的掌柜说了一句耐人寻味的话："这哪里是给他的店定店规，这分明是给山西的买卖定行规，谁不顺着他来，谁就得垮台啊！"

乔致庸所处的时代，信息比较封闭，他只能影响山西的同行。而今天的中国乃至今天的世界，处在信息大爆炸的时代，如果你的同行开始导入股权激励制度，而你却还在用过去的那种方式经营企业，那么你便会逐渐被同行所超越。

员工追随的不是老板，而是自己心中的梦想，除非老板是他梦想的化身，是帮助他实现梦想的使者。乔致庸做不到，任何企业老板都做不到。但是，很多老板却错误地认为，员工追随他是因为他的个人魅力和才华，那是活在一种假象中。如果没有很好的机制，员工凭什么跟着老板干？

股权激励制度能不能在企业导入，取决于老板能不能理解这种机制所带来的益处。有的人掌握了方法却用不好，因为他怀疑这种机制不能为自己的企业带来真正的驱动力和改变，甚至会对企业原创者造成利益伤害或者影响企业的治理安全。多种因素会导致一些企业家虽然明白股权激励的好处，却未必愿意付诸行动。

◎ 格局决定结局

中国改革开放已40年，但与过去相比，很多企业家的管理能力不仅没有提升，反而退化了。早在100多年以前，中国的股权激励机制就用得非常好，到了今天反而慢慢呈现出了单打独斗的趋势。唯有真正的商界领袖才能悟到其中的玄机，早早将股权激励机制导入他们的企业，成就商界之辉煌。例如，马云经商多年，创造了商海奇迹。从最早的18个人创业，到今日不断引进"空降兵"，引进风险投资者，他的每一步都与股权激励紧密相连。

"商人看比例，而企业家看绝对值"。作为老板，经常会关注自己的股份有多少，常常期望自己是百分百控股，完完全全拥有公司的治理权和决策权，能随心所欲。这就是普通商人的思维，只关注自己拥有多少比例的股份。但是，纵观全世界，只要是叫得出名字的企业家，如比尔·盖茨、沃伦·巴菲特、柳传志、任正非、王石、马云……大到世界级富翁，小到中国的商界领袖，没有一个人在自己的企业占股超过5%，因为他们每个人都深谙股权激励之道。有太多的老板在自己的企业持股超过20%甚至超过50%，但每到发工资的时候，他们就要到处筹钱解决员工当月的工资问题。尽管他们所占的股份比例很大，但是股份价值并不高。

《乔家大院》的主人公乔致庸创办的大德通票号，1889年银股为20股，身股为9.7股；而到了1908年，银股仍为20股，身股却增至23.95股，几乎达到20年前的2.5倍。从1889年到1908年，银股的比例虽没变，但由于整个蛋糕做大了，分红总额增大，因此股东最终分得的银子大大增加了。1889年，大德通票号账期盈利总额约2.5万两白银，每股分红约840两白银，财东分得约1.7万两白银；而到了1908年，账期盈利总额达74万两白银，每股分红约1.7万两白银，大德通票号的资本银为22万两白银。虽然其红利的一半以上分给了员工，但财东分得了约34万两白银，相当于20年前的20倍。

有一句话叫"火车跑得快，全凭车头带"。但今天完全凭车头带的火车跑得快不快呢？相比动车就不快了，因为动车的每节车厢都有发动机。同样的道理，全凭老板带动发展的企业，"跑"不过老板和员工上下一心的企业。要知道，格局决定结局。

有的人会想：如果我百分百控股，今年赚 1 000 万元，那这 1 000 万元就都是我的！如果将 30% 的股份释放出去，那我只能分得 700 万元。这是职业经理人的思维——直接做减法。过去老板百分百控股，只能创造 1 000 万元的价值，但如今把 30% 的股份分给 5 个甚至 10 个高级人才，就可能会创造 5 000 万元的利润。老板的持股比例看似小了，但是获利的绝对值却大了。所以，当老板百分百持有股权时，自认为是企业的主人，实际上是企业的奴隶。

◎ 筹码决定忠诚度

每个人都渴望他人忠诚，但是我们自己是否会轻易忠诚于别人呢？筹码决定忠诚度，要想得到别人的忠诚，必须给别人一个忠诚的理由。

如前所述，所有员工都不是在追随老板，而是在追随他们心中的梦想。所以身为企业的"代言人"，老板要让员工清楚地意识到，跟着老板干，梦想才有可能实现。

我们都知道，这个世界上没有绝对的忠诚，只有彼此的依赖。在商海中，没有永远的敌人，也没有永远的朋友，只有永远的利益。但不要误以为这是提倡企业不需要忠诚。企业绝对需要忠诚，唯有与企业的梦想、方向、价值观完全一致，企业才可有大成。作为企业家，一定要扪心自问，自己是不是给了员工绝对忠诚于企业的理由？这就是我们所说的"筹码"。

在企业里，是能力较强的人比较忠诚还是能力较弱的人比较忠诚？一般而言，能力较强的人跳槽的可能性比较大，因为他们认为自己有能力，到任何地方都能找到工作，也许下一站会比这里更好。所以，当企业给不了他们想要的，他们就会想离开。也许在管理者看来，这些人是企业的不安定因素，不会忠诚于企业。相比之下，那些能力较弱的人安于现状，看起来更忠诚于企业。但他们整天抱着混日子的心态得过且过，对企业发展毫无助力。

为什么要做股权激励？原因显而易见——筹码决定忠诚度。要让员工忠诚于企业，企业就必须给员工足以抵抗诱惑的利益。所以，当你渴望员工对你忠诚时，要问问自己，你的筹码足够大吗？你给了员工忠诚于你的理由吗？

◎ 恒产决定恒心

孟子说过一句话："有恒产者有恒心，无恒产者无恒心。苟无恒心，放辟邪佴，无不为已。"意思是，有长久稳定的可以维持生活的财产收入的人就会有善心，而没有长久稳定的可以维持生活的财产收入的人就不会有善心。如果没有善心，那么违礼犯法、为非作歹的事，就没有不去干的了。

要想员工与老板永结恒心，必须要让员工看到恒产，必须要制定一个让员工觉得是为自己干的机制。企业领导既然想让别人跟自己永远走下去，就要考虑别人的需求。经营企业的本质就是经营各方的需求。如果企业是员工的，那他就会像主人翁一样操心。正所谓"是谁的，谁操心"，你把公司当成你的，你就要操心；你把公司变成大家的，大家就会操心。想让员工跟你一起发展，就要让员工不仅能看到现在，还能看到将来。

实施股权激励并非只为上市

实施股权激励，一定要避免重利轻义、导向错位。利，是指利益；义，是指一种精神追求。过多地重视利益而忽视对精神的追求，就可能会诱使员工变成唯利是图的人。企业实施股权激励，如果目标仅仅是追求利益最大化，那么极有可能走入误区。

上市可以驱动企业快速发展，但它不是经营企业的最终目标。很多企业都在寻求上市，因为上市能带来融资、扩充企业品牌、增加企业营收和利润、实现更多财富梦想等。为此很多企业都会进行股份制改造，对管理层进行股权激励，其目标只有一个，就是让企业尽快上市。但事实上，企业上市只是企业经营发展过程中的一个阶段，并不是最终的归宿。如果所有的企业都以上市为目标，那么一旦上市，企业就会变得没有目标，不知所措。而企业的核心高管经过多年的努力打拼，终于使企业成功上市，所有人都等着分享企业上市带来的成果，从而失去奋进的动力。实施股权激励如果仅仅是以上市为目标，以物质和利益为导向，而忽略更多的企业精神内涵，那么企业上市之日就是企业衰退之始。

公司要上市，前提是必须为股份公司。也就是说，公司在上市之前必须要进行内部的股权分置改革。但是进行股权分置改革却不一定要上市。无论是有限公司还是股份公司，进行股权改革、实施股权激励，未必都是要上市，把自己的员工引导到上市这条路上是非常危险的。尤其不能对员工说，企业的终极目标就是上市。

股权激励的终极目标如果用两个字来表达，那就是"共赢"，而不是"博弈"。共赢是股权激励的核心目标，如果偏离了这个目标就会非常危险，甚至可能会一败涂地。股权激励绝不是站在企业的角度去算计员工、算计客户、算计上下游。如果老板的初衷与信念发生了偏移，那么股权改革的方法越高明，企业"死"得就会越快。企业要想走得长远，必须在团队中注入一种思想，导入一种文化，必须要有自己的精神与灵魂，真正做到"上下同欲"。

企业处于不同的阶段时，用不同的激励机制能实现不同的目的。实际上，企业进行股权激励通常是为了三个目的："股权释兵权"、安抚老员工、降低人力成本的现金支出。

◎ "股权释兵权"

如果实施股权激励的初衷是"共赢"，那么企业发展到不同的阶段，面对不同的对象时，就应该有不同的激励目的。企业发展得比较成熟时，老员工会越来越多，有些老员工曾经确实为企业做出了巨大的贡献，但现在已经不能再适应企业的发展，这时就需要"股权释兵权"。

> 宋太祖赵匡胤最初任封疆大吏，当时他被手下高官鼓动造反，"黄袍加身"后当了皇帝。
>
> 当上皇帝以后，因为位置的转变，赵匡胤看待问题的角度也发生了变化。他觉得之前跟随他的手下是一群绿林好汉，根本不会治理国家，所以他想收回这些人手中的权力。考虑再三之后，他想到了一个办法。
>
> 赵匡胤把手下叫到一起喝酒。酒过三巡，他说："兄弟们，你们非让我做皇帝，其实这个皇帝也不好当！"这些手下不理解，心想赵匡胤都当上九五之尊了，还有什么不满意的。赵匡胤接着说："因为这个位置是九五之尊，虽然人人对我朝拜，但是很多人都想取我而代之，我每天都在担惊受怕。"这些手下听完后安慰道："陛下放心，有我们在，天下哪个人敢？！"赵匡胤说："我不是担心别人，恰恰是担心你们这帮兄弟。"此话一出，手下兄弟立刻就明白了赵匡胤的想法，于是纷纷告老还乡。这就是"杯酒释兵权"的故事。

对这个典故进行全面剖析就会发现，"杯酒释兵权"其实是一个很好的分享胜利果实的案例。自有国家以来，几乎所有的开国皇帝都有诛杀功臣的行为，唯有宋太祖"杯酒释兵权"，采用和平手段，不伤君臣和气地解除了大臣的军权威胁，成功地预防了军队的政变。与宋太祖一同创业的老臣虽然被削了兵权，但得到了高官厚禄和皇帝的信任，这也是一大幸事。

企业管理也是如此。经过艰苦的创业之后，终于有了一定的规模。当企业想再上一个台阶时，却发现原有的创业伙伴不是功高震主，就是已不能适应企业新时期的发展。这个时候，是抛弃一同创业的伙伴，引进新的高管，让企业轻装前进呢，还是让不能再胜任的"明日黄花"继续留任？对企业家来说，这是一件难以抉择的事情。如果将宋太祖"杯酒释兵权"的案例应用在曾经为企业做出过贡献的功臣身上，那么上述问题便不再是两难选择。企业和企业家让出部分股权，功臣们退出重要岗位，这样既能让企业轻装前进，又能让功臣们安心享受自己所创造的成果。

很多企业发展到一定阶段、一定规模之后，就会产生动荡，企业发展停滞不前甚至出现倒退。其原因很大程度上是企业家不懂得分享、不愿意分享、个人控制欲太强，最后的结果就是企业分崩离析，一蹶不振。

企业老板要向赵匡胤学习，进行股权激励，以此为交换，让不能胜任工作的高管把自己的位置让出来，这就是"股权释兵权"，这是一种共赢的方法。高管要的无非是权、名、利，统统满足他们即可。老板们一定要牢记，现代社会只有分享才会有发展，只有分享才会有更多的人加入，只有分享才会有人来帮助我们完成自己的梦想。

◎ 安抚老员工

安抚老员工和"股权释兵权"是两个概念。

安抚老员工几乎是出于一种无奈和被迫——本来是不想给老员工股份的，但是这些人平时钩心斗角甚至拉帮结派，而且都有水平、有能力，有时候基于公司需要，老板会从外部引进几个空降兵（高管）。但是一段时间以后，空降兵要么被老员工同化，要么被老员工赶走。因为从空降兵来到公司的那一刻开始，这些老员工立刻改变作风，高度团结，团结的目的只有一个，就是向老板证明，他邀请的这个人水平一般。

其实这些老员工也想为公司做贡献，他们担心空降兵抢了他们的位置，那他们就没有贡献的机会了。如果把这些老员工变成企业的"老板"，那么事情就迎刃而解了。因为老板从来不怕职业经理人的水平超过自己，反而还会希望企业里有更多能力和业务水平都比自己强的职业经理人。此时再空降职业经理人，这些身为"老板"的老员工就会很高兴，与职业经理人和谐相处，共同为企业做贡献。这就叫"安抚老员工"，最终实现内部和谐。

◎ 降低人力成本的现金支出

现金和人才几乎是所有企业生死存亡时刻的重要生机。如果企业是一个人的身体，那么现金就是流通的血液，人才就是活动的四肢。没有了现金，企业无法正常运转，员工工作效率大大降低，会让企业渐渐失去生机。而没有了人才，企业无法继续发展壮大，最终也会因为平平无奇而走向灭亡。

很多企业在创业初期都会面临现金不足，因而无法给员工较高的工资或奖励等问题。那么，要怎么做才能"既让马儿跑，又让马儿少吃草"呢？

答案就是实施股权激励。股权激励可以降低企业成本，让企业的现金类支出推迟几年。这样便可以暂时缓解企业因为现金支出而带来的压力，对企业的作用不可忽视。

美国很多公司的首席执行官，他们每年的收入是我们无法想象的，但是他们的年薪却非常少。例如，美国苹果公司的创始人史蒂夫·乔布斯、谷歌公司的前CEO埃里克·施密特，还有当年出任克莱斯勒CEO的李·艾柯卡等，他们的年薪只有一美元。

马云在创业之初实施了股权激励，企业进入快速发展阶段后，他依旧在实施股权激励，只是不同时期股权激励的目的不同罢了。

当年马云没有足够的现金来支付员工工资，于是就采用股权激励的方式，允诺员工在10年后可以拥有10亿身价，他的员工愿意留下，与他一同实现这个目标。

马云和蔡崇信的故事大家都耳熟能详，他们的合作可以说是创业历史上的传奇。

蔡崇信在1999年加入阿里巴巴，马云当时给出的待遇是月薪500元，但是此前蔡崇信是瑞典一家投资公司的副总,年薪500多万元。蔡崇信的选择让很多人都觉得匪夷所思,但是现在看来,他的决定一点儿没错。他现在是阿里巴巴的董事,而且是阿里巴巴创始团队中持股比例仅次于马云的第二大自然人股东,身价就更不用说了。

在后期分配股权时,马云把大部分的股权都分给了自己的创业团队,不仅减少了前期现金的支出,而且得到了民心。

时至今日,阿里巴巴早已成为中国互联网行业的巨头,而马云与蔡崇信的身价也已翻了数倍。阿里巴巴的股权激励做到了降低人力成本与现金支出,为企业的发展壮大铺就了一条成功之路。

企业进行股权激励时,通过员工持股、奖励持股等激励手段,不仅可以减少员工的工资、奖金等现金流的支出,还可以大大降低企业的创业成本。员工持股也可以让员工的努力与企业自身的价值紧密结合,从而提高员工的工作积极性。

第 2 章 CHAPTER 2

细节定成败——股权激励方案"十二定"

定目标：设定公司及各部门目标
定方法：用什么方法进行股权激励
定时间：在什么时候做股权激励
定对象：对哪些人进行股权激励
定数量：用多大的额度进行激励
定来源：增发股份是"做加法"还是"做减法"
定性质：用什么性质的股份进行激励
定条件：在什么条件下才能拿到股份
定价格：股份是否要花钱购买
定权利：持股者拥有什么权利
定合同：被激励者是否要签署协议
定规则：确定股东的退出机制

👉 定目标：设定公司及各部门目标

在制订股权激励方案之前，首先要设定公司及各部门的目标。没有目标，无论是个人还是企业，都会没有工作计划，企业发展自然也就不会有好的结果。

公司实施股权激励要遵循的原则是，不是基于过去的贡献，而是基于未来的创造。

什么是"基于过去的贡献"？例如，年终时有的老板会对下属说："大家今年干得不错，那就论功行赏吧。"这种"论功行赏"就是基于过去的贡献所做的奖励。但是你会发现，每年的论功行赏，即使老板拿出再多的"银子"来奖励下属，有的下属依旧不知感恩，不但不感恩，还会因为"他多我少"的问题心生抱怨，从而导致企业很容易起内讧。

试想一下，如果论功行赏，企业的核心高管、中层干部、基层员工及各个团队会认为谁对企业的贡献比较大呢？无一例外，每个人都会觉得自己的贡献稍微大一些。再试想一下，如果企业当中的每个成员都认为自己的贡献比较大，却发现自己的酬劳并不是最多的，那他会不会觉得不公平呢？答案是肯定的。

我们一再强调，企业制订薪酬福利、股权激励措施最大的难点在于公平性，一旦开始论功行赏，就难以实现公平。如果老板因为害怕不公平而放弃先前的激励制度，则会失信于人。对于老板而言，信用是最大的财富。所谓"财富"，不在于口袋里有多少钱，账户上有多少存款，有多少房、多少车，而在于有多少人相信你。

实施股权激励的前提是以目标为导向，是基于未来的创造。对此该如何理解呢？

举例来说，5年以后，企业要实现10亿元的销售额，那么就要根据产品研发部、市场营销部、财务部、客户服务部等部门的岗位价值，评估其对实现"10亿元销售额"这个目标能做出多大的贡献，以此决定每个部门匹配的股份。如果5年后再进行评估，发现有的部门没有按照预定的计划来推进工作，并且没有创造出预期的价值，那么这些部门就拿不到预期的股份。这样的做法就不再是基于过去的贡献来论功行赏了，而是基于未来的价值创造来进行激励。相对而言,这种方式更为公平且富有激励性。

因此,企业预先设定的目标就变得尤为重要了。

◎ 制定企业目标的五大原则

企业如果已经确立了使命和愿景,那么未来几年企业的年度目标是什么,又该如何制定呢?企业制定目标需要遵循以下五大原则。

一、高于行业平均增长率

例如,某行业的年平均增长率为31.42%,某个企业要在这个行业中立足,它的年增长率目标就不能低于31.42%,否则就会被这个行业淘汰。

为了达到这个目标,企业需要考虑以下5个方面的问题。

问题1:这个行业5年后的发展趋势是什么?企业家要考虑5年后的行业发展情况,核心高管要思考5年后的企业状况。不同的层级要思考不同的事情。

问题2:企业要在这个行业中扮演什么样的角色?是行业老大还是追随者,抑或是默默无闻地成为行业第一名、第二名、第三名产品的补充?

问题3:5年后企业应该具备怎样的素质?例如,5年后要成为行业老大,要具备什么样的组织架构、尖刀产品、企业文化、营销渠道……

问题4:企业现在拥有怎样的素质?需要对企业的未来和现在进行对比。例如,5年后企业发展需要一万名员工,其中包括多少名博士研究生、多少名硕士研究生;而现在企业只有500名员工,博士几乎没有,硕士也不多,那么人力资源部该怎么办?

问题5:企业下一步的行动计划是什么?

上述五大问题是企业在制定目标时需要认真思考、认真解决的问题,因为它们代表了企业现在及未来成长的全部需求。例如,通过问题4,我们可以看到企业现存的问题,是在拿显微镜看当下;而问题1则是拿望远镜看远方,思考企业的未来。换个说法,就是企业家既要仰望天空,又要脚踏实地。

二、满足公司的战略需求

企业的战略需求是什么?要做行业第一,还是做行业唯一?

"第一"包含很多,如人员数量、产品数量、专利数量、市场占有率等;而"唯一"就是企业在行业的某个领域是独一无二的。"第一"和"唯一"虽是一字之差,意义却截然不同，第一不代表唯一，唯一却总是第一。每个企业都要考虑自身的实际情况，在精心调研的基础上，根据战略需求制定出最适宜、最恰当的企业目标。

三、结合公司的战略资源

制定企业目标时要明确企业所拥有的战略资源，即自己企业有而其他企业没有的资源。例如，企业的产品、渠道或团队独一无二，这都是他人既学不会又挖不走的资源，也就是企业的战略资源。所谓"知己知彼，百战不殆"，明确自身优势并充分发挥，才能在激烈的市场竞争中占得一席之地，才不会被市场淘汰。

四、高标准，严要求

企业目标要保证"跳一跳才能够得到"。也就是说，企业在制定目标时，必须要有高标准，要有长远的打算和考虑。

张瑞敏先生曾提出经营企业的"斜坡理论"。企业就像球一样在爬坡，员工要齐心协力推着这个球往上走，企业才能永续经营下去。如果员工不推，企业这个球就不会自动上坡；一旦员工松手，球不仅不能向上滚动，而且还会自动下滑。这与"逆水行舟，不进则退"是一样的道理。

当今市场竞争激烈，行业变化日新月异，企业家不能只守业，而是要不断创业。如果你感觉自己的企业已经不错了，现在只想守住它，那么一定是守不住的，因为不知道哪天就会冒出一匹"黑马"，将你的企业取而代之。这就要求企业家必须对自己提出高要求，从而时刻保持清醒，不断变革创新，引领时代。

五、目标必须平衡

从管理实践层面来讲，企业经营既是不断改革创新，又是不断平衡各方利益的过程。制定企业目标要从4个维度——财务、客户、内部的运营与员工的学习成长来展开。因为这4个维度既相互独立，又紧密相连，所以，企业家要充分考虑各维度之间的独立性与平衡性。

这样既能维持长期的客户满意、员工成长，又能兼顾短期的企业经济效益；既能保证有形的财务收入，又能获得无形的客户认同、客户忠诚、员工归属等。如此才能基业常青。

◎ 制定部门目标的五大原则

制定部门目标,需要遵循以下五大原则。

一、细化经营单位并独立核算

越是大企业,越需要将各个部门独立开来,以降低运营成本,提高利润。凡是准备上市的企业,都必须走这一步,做到每一个事业部、每一个分/子公司,每一个月都要有一份清晰的财务报表,必须细化经营单位并实施独立核算。

二、部门负责人为经营目标负责

具体来讲,各部门负责人需要阐述以下几点。

(1)我想成为什么样的人?例如,我想成为公司的职业经理人,想要300万元年薪。

(2)我能为企业创造什么价值?这与第(1)点是环环相扣、息息相关的。例如,我要成为公司的职业经理人,要300万元年薪,凭什么呢?因为我能为企业创造5 000万元利润,比上一年增长30%。

(3)阻碍我达成目标的困难是什么?作为部门负责人,不仅要知道实现什么目标,而且要知道实现目标的最大障碍是什么。这样做既可以望到天上的星,又可以看到脚底的沙,是一种高水平的表现。

(4)应对的措施是什么?针对实现目标过程中所面临的困难和障碍,我的应对措施是什么?

(5)我需要什么样的资源支持?一般而言,"资源"包括4个方面:人、财、物、权。为了实现目标,部门需要投入多少人、多少财务预算、哪些硬件装备,以及需要拥有哪些权力?在制定目标时,将需要的一切资源统统罗列出来。

(6)如果实现不了目标,我愿意接受什么样的惩罚?例如,如果实现不了"为企业创造5 000万元利润,比去年增长30%"的目标,我只拿一元年薪,连续三年不达标就自动下岗。这样做既有激励又有约束,只要合理,每个人都会接受惩罚并无怨言。

三、部门目标由公司确定

公司给多少预算、提供什么样的资源支持、被激励者要完成什么样的任务,以及公司各部门的目标，这些都是由公司来确定的。需要提醒企业家的是，确定的目标越高，相应的底薪和提成也应该越高。

例如，公司的目标底线是完成销售额1亿元，如果被激励者敢承担这1亿元的目标，那么可以设置底薪为月薪1万元，销售提成10%，超额奖励12%。如果被激励者认为完成1.5亿元的销售任务也没有问题，那么可以设置底薪为月薪1.5万元，销售额提成15%，超额奖励20%。一年完成销售额1.5亿元，折合每个月要完成大约1 200万元。如果第一个月完成了1 200万元，则第一个月就能拿到1.5万元，销售额提成15%。如果第一个月只完成了800万元（与年销售额1亿元时的月销售额大致持平），就只能拿到月薪8 000元。这样设计的好处在于科学、合理，是那种跳起来能够得到的目标，符合管理学的逻辑。企业不能把目标定得太低，因为定得越低，被激励者的底薪、提成就越低；但也不能把目标定得太高，因为一旦达不成目标，被激励者的收益也会很低。

四、分解目标并明确任务

制定好的目标，企业要以书面计划的形式呈现给员工，这是一份将目标分解和任务明确的计划书。计划书应对以下问题做出回答。

我想做什么？如果让我来做这件事情，我能为公司创造多少价值？我能为公司建立什么样的系统？创造多少销售额和利润？我现在需要什么样的人才梯队？完成这些目标需要什么样的组织架构？从什么时候开始引进人才？每个月需要多少成本和费用？阶段性目标（如季度目标）是怎么设计的？达成目标的方式都有哪些？可能会遇到什么风险？预防或补救的措施有哪些……

五、与被激励者签订"军令状"与责任书，并当众承诺

书面呈现出来的计划被公司批准之后，就要让部门负责人向公众承诺达成计划目标。公司目标不仅要"你知我知"，而且要让公司的所有人都知道，要向全员承诺保证达成目标，以及达不成目标将接受怎样的惩罚。

注意，这种承诺不能仅停留在口头上，一定要白纸黑字地签订书面协议并切实执行。什么时候该升职、什么时候该加薪、什么时候该离职……这些都要明确写进协议，一定要是清清楚楚、明明白白的。这样一来，管理就变得很简单了。

定方法：用什么方法进行股权激励

有了目标和书面计划，接下来就是具体落实了。那么，企业家应该用什么方法对员工进行股权激励呢？

常用的股权激励方法有很多，如表2-1所示。每一种方法都有其优缺点，适用的企业类型或人员也不尽相同。

表2-1 适用于不同人群的股权激励方法

激励方法	优点	缺点	适用的企业类型或人员
现股激励	股份收益短期内兑现；花钱购买，因此倍加珍惜；有利于调动员工积极性	可能造成短期效益行为；若持股比例较大，则有违两权分离原则；为增加利润，可能会牺牲员工利益	非上市公司高管及技术骨干
期权	具有长期激励效果；可降低委托代理成本；可提升公司业绩；可提高投资者的信心	管理者可能会为自身利益而使用不法手段抬高股价；管理者的收入与员工的收入差距加大	上市公司和上市公司控股企业
账面价值增值权	激励效果不受股票价格的上升和回跌影响，激励对象无须现金付出，无须证监会的审批	每股净资产的增幅有限，没有充分利用资本市场的放大作用，难以产生较大的激励作用	现金流量比较充裕且股价比较稳定的上市公司或非上市公司
虚拟股份/在职分红	无须工商登记，通过合同来约定激励对象的权益	只有分红权，没有表决权	上市公司或非上市公司的中层干部与技术骨干
分红回偿	激励对象借款入股，日后用红利冲抵借款或转让款（激励对象购买股权应支付的购股款），从而拥有完整股权权益，公司收益与激励对象挂钩，充分调动其积极性	激励对象在用红利冲抵借款前只有分红权，所有红利用于回偿（因为激励对象是向公司借款入股，所以只享有股权分红权，但是可以用利润分红来支付欠公司的购股款），也可回填一部分，即转实股一部分，需要用时间来约束激励对象	非上市公司的中层干部与技术骨干
优先购买股份	公司增资扩股时，激励对象有权按照事先的约定优于第三方取得公司股份	难以平衡创始人股东与激励对象的利益；将激励对象的范围扩大到员工时，必须考虑员工的流动性与收益偏好	上市公司或非上市公司的核心骨干或员工

续表

激励方法	优点	缺点	适用的企业类型或人员
赠予股份	股份收益短期内兑现；无须花钱购买，有利于调动激励对象的积极性	难以平衡创始人股东与激励对象的利益；激励对象没有花钱购买，因此不会太珍惜	极少数有特殊贡献的关键人员
技术入股	激励对象相应的技术成果或发明专利权归公司所有	技术存在不确定性；市场存在不确定性；未来的激励效果有限，缺乏持续创新的激励	参与开发新产品的技术骨干和中层干部
员工持股	能增强企业的凝聚力、竞争力，可以调动员工的积极性，抵御公司被恶意收购	福利性较强，与员工业绩关联不大；平均化会降低员工的积极性；操作上缺乏法律基础和政策指导	所处行业较成熟的、具有稳定增长机会的公司
虚拟股票	虚拟股票的发放不会影响公司的总资本和所有权结构，无须证监会批示，只需股东大会通过即可	公司的现金压力较大，虚拟股票的行权和抛售时的价格较难确定	现金流量比较充裕的非上市公司和上市公司
股票增值权	激励对象无须现金付出，无须证监会审批	资本市场的弱有效性使股价和经营者业绩关联不大，公司的现金压力较大	现金流量比较充裕且股价比较稳定的上市公司或非上市公司（核心经营层与核心技术层人员）
限制性股票/项目性股份	是一种附加条件的激励方式，只有当激励对象完成既定目标后才能获得这部分股份。激励对象一般不需要付钱购买，可以激励高层管理人员将更多的时间和精力投入长期的战略目标中	业绩目标或股价的科学确定较困难，现金流压力较大	业绩不佳的上市公司，产业调整期的上市公司，初创期的非上市公司（新产品开发、技术攻关人员）
延期支付	锁定时间长，减少了经营者的短期行为，计划的可操作性强。激励对象的收益与折算后存入延期支付账户的股票市价的上升及回跌挂钩，有利于长期激励、吸引并留住人才	高管人员持股数量少，难以产生较大的激励力度，二级市场有风险，经营者不能及时把薪酬变现	业绩稳定型上市公司及其集团公司、子公司
业绩股票	激励对象的业绩与企业的经济收入息息相关，效果实在，激励高管人员努力完成业绩目标，实现股东和高管的双赢	业绩目标的科学性很难保证；容易导致高管为获取业绩股票而弄虚作假；高管抛售股票受到限制	业绩稳定型上市公司及其集团公司、子公司（市场营销骨干、生产骨干）

续表

激励方法	优点	缺点	适用的企业类型或人员
管理层收购	激励力度加大，可以加强管理层的主人翁意识，使其利益与公司的利益紧密结合在一起	目标公司价值的准确评估困难；收购资金来源缺乏；若处理不当，收购成本将激增	国有资本退出的企业，国有民营型公司，集体性质企业，反收购时期的公司
期股	股票增值与企业效益相关联；经营者更多地关注企业的中长期利益，克服了一次性中奖所带来的收入差距；经营者不必一次性支付重资	经营者难以在短期内实现收益，并且要承担持有股份的风险	经改制的国有资产控股企业，国有独资企业

定时间：在什么时候做股权激励

有人会问，企业应该在什么时候进行股权激励？是在初创期，还是在发展期，又或者是在扩张期和成熟期？不同性质、不同规模的企业，或者处于不同发展阶段的同一企业，实施股权激励的目的大不相同，效果也截然不同。我们知道，企业都有一定的发展周期，从创业初期到发展期、扩张期，然后逐步进入成熟期或者衰退期。这个周期可能是10年、20年，或者更长的时间。一般观点认为，股权激励应在企业的发展期开始实施。原因很简单，处于发展期的企业规模不大，但是有足够的发展潜力，管理人员也可以清晰地看到企业发展的希望和潜力，因此，股权激励很容易产生巨大的爆发力。在创业初期，企业还很弱小，很多人看不到企业的价值所在。同时，因为企业规模较小，必须拿出更多的股份才可以满足相关人员的需求，这对于企业所有者来说是一个不可取的计划。而在企业发展的成熟期，因为企业规模已经非常庞大且发展稳定，同时发展速度也在逐渐放慢，即使进行股权激励，由于客观条件的限制，激励的效果也不会很明显。同样，如果企业处于衰退期，那么不管对什么人、用什么样的方式来进行激励，都无法改变其衰退的事实。

但是我们认为，企业在任何时候都需要实施股权激励，而且企业越小，越要做股权激励。道理很简单，正是因为企业规模小，所以才需要一个良好的分配机制，"没有梧桐树就引不来金凤凰"。那么，具体在什么时候导入股权激励，就需要制订一套完整的方案了。在这个方案中，可以确定什么时候开始、什么时候截止、什么时候评估、什么时候分红、什么时候注册等相关细节，所有这一切，就是定时间。

1. 创业期

创业初期，新加入的员工在诚信、能力等方面都未得到考验，企业尽量不要做员工注册股，也就是不要分配实股。一旦做了员工注册股，就意味着埋了一颗定时炸弹。当发现对方能力并未达到时，再想让对方把股权让出，就会非常麻烦。股权激励是一把"双刃剑"，不做可能"等死"，但是做不对无异于"找死"。

企业在创业初期，资金有限，团队不成熟，如果开不出很高的薪酬，就招不到高端人才。这时候企业最适合做虚拟股权激励，用低薪酬和高分红来激励员工与企业共进退。虚拟股权激励就是在职分红激励，相当于以能力入股，不用投资，也不用承担亏损风险，可以分红，但是没有表决权和所有权，离开公司就自动失效。

2. 发展期

企业发展中期，员工的工作积极性和潜力对企业发展至关重要。此时如果企业想撸起袖子好好干，那么最适合的就是做股权激励，原因如下。

首先，企业处于发展期，发展前景比较明朗，发展空间也很大。员工都希望能搭上"有潜力的企业"这趟顺风车，实现自己的事业梦想和财务自由。此时如果企业能推出股权激励方案，员工会拍手叫好，很愿意将自身利益与企业捆绑在一起，与企业共创未来。

其次，企业处于发展期，资金并不充裕，此时如果有员工愿意入股，那么对于企业来说，不仅留住了人才，还获得了更多的周转资金，这无疑有利于企业运营，加快企业发展速度。

3. 扩张期

处于扩张期的企业，相对于发展期来说，已经度过了最困难的阶段，处于较稳定状态，企业的资金、人才都开始慢慢聚集。

此时企业所面临的更多的是选择和决策：是建立分公司，还是建立子公司；是稳扎稳打继续经营自己的业务线，还是拓展更多的相关业务线。无论企业最终做出什么决定，导入股权激励方案都是明智的选择。

企业处于扩张期时，除了决策很重要外，人才的储备也很重要。一切的扩张经营都需要人去实施，尤其需要高端人才的把持和管理。如果此时导入股权激励制度，那么鉴于企业扎实的资金积累和较好的业绩，能吸引到更多高端人才，为企业扩张做好人才储备。而且这些高端人才也能集思广益，为企业出谋划策。

企业扩张期的股权激励可以引入更多更灵活的模式，如尝试推行注册股激励模式，使企业扩张更加顺利。

4. 成熟期

成熟期的企业内部人才已经历几轮洗刷，留在企业中的员工不是功勋卓著的企业元老，就是能力出众的新秀。此时导入股权激励制度，就需要区别对待。对于分公司的股权激励，可以根据各个分公司的实际运营情况采用虚拟股分红、注册实股等方式；而对于企业总部，就需要推行不同于分公司的激励模式，总部较适合采用集团股激励方式，这样更能推动企业发展。

5. 稳定期

企业发展到稳定期，可能面临上市或已上市等问题。此时企业已有能力回馈员工和社会。如果推行注册股重组，或者尝试实施适合上市企业的期权激励方案，并不断完善和优化，那么企业不仅会变得更有人情味，而且能基业常青。

定对象：对哪些人进行股权激励

◎ 股权统筹与布局

企业如何挑选激励对象，即如何确定对哪些人进行股权激励呢？

激励对象可以包括上市公司的董事、高级管理人员、核心技术人员或核心业务人员，以及公司认为应当激励的对公司经营业绩和未来发展有直接影响的其他员工，但不应包括独立董事和监事。在境内工作的外籍员工任职上市公司董事、高级管理人员、核心技术人员或核心业务人员的，也可以成为激励对象。

单独或合计持有上市公司 5% 以上股份的股东或实际控制人及其配偶、父母、子女，不得成为激励对象。下列人员也不得成为激励对象。

（1）最近 12 个月内被证券交易所认定为不适当人选的。

(2）最近 12 个月内被中国证监会及其派出机构认定为不适当人选的。

(3）最近 12 个月内因重大违法违规行为被中国证监会及其派出机构进行行政处罚或者采取市场禁入措施的。

(4）具有《中华人民共和国公司法》（以下简称《公司法》）规定的不得担任公司董事、高级管理人员情形的。

(5）法律法规规定不得参与上市公司股权激励的。

(6）中国证监会认定的其他情形。

在激励计划中，激励对象的选择通常由公司董事会决定。一般来说，激励的重点主要是公司的董事、高级管理人员，以及对公司未来发展有直接影响的管理骨干和核心技术人员。如果除此之外的人员成为激励对象，那么公司应该在相关材料中论证其作为激励对象的合理性。很多有投资机构介入的企业，投资机构一般都会要求创始人和企业留出一部分股份，作为对未来引入的核心管理人员和技术人员的激励。近年来，随着股权激励观念深入人心，越来越多的企业家开始转变观念，股权激励的对象范围也在逐渐扩大，许多普通员工也逐步被纳入激励计划的范围。

需要注意的是，假设企业未来有上市的打算，股权激励的人数一旦变多，就必须进行股权统筹与布局。

以雷士照明一案为例，股东内部由于股权问题内讧，原董事长吴长江被一踢出局。雷士照明创始人吴长江为了让企业更快发展，用公司的股份引进了两个非常有能力的人——胡永红和杜刚。吴长江拥有自己公司 45% 的股份，另外两个合伙人共同拥有 55% 的股份。企业发展得很快，从 0 做到 17 亿的市值。这时三人开始出现分歧，吴长江因为兄弟情分，把自己的股份定点释放，并进行了一次股份改造。此时的吴长江拥有 33.4% 的股份，而其他两人各拥有 33.3% 的股份。但是他的这种胸怀并没有化解企业内部矛盾，而且他的一些我行我素的处事风格最终让三人关系土崩瓦解，而他自己在完全不知情的情况下收到消息，自己被雷士照明解除了 CEO 的职务。后来因为供应商和经销商的帮助，吴长江回到企业，并斥资 1.6 亿元回购了其他两人的股份，此时他的资金已经非常紧缺，所以为了发展又引进了风险投资。但是资本主义的投资商不会让吴长江受益，不仅解除了吴长江的职务，还把与他同甘共苦的经销商都笼络到了一起，这次吴长江已无力回天，自己一手创立的企业就拱手让人了。

这充分说明，创始人如果不懂得股权布局，只讲究兄弟情分，不能在各种权利分配中找到制衡点，也不懂得寻求合作，那么最后只会连累企业一蹶不振。

综上所述，假设企业未来有上市的打算，就必须先进行股权布局，以免后患无穷。如果没有这种布局，企业就贸然吸引人才进入，表面上看起来是对人才的爱护，实际上可能是一种伤害。不仅会伤害人才，而且会伤害企业。

对企业的伤害具体表现在，所谓的"专业风投人士"会认为企业不规范，其投资没有保障，一旦哪些股东出了岔子，投资就收不回来，所以不敢投资。为了让这些专业人士认同企业和企业价值，企业负责人一定要向他们呈现公司运作的专业风范和专业水准，必须做好股权布局。

◎ 确定股权激励对象的原则

企业在计划股权统筹与布局，确定要激励的人员时，要基于以下三方面进行考虑。

一、基于当前的组织架构进行考虑

公司当前的组织架构是确定激励对象的首要因素。公司的组织架构包括研发中心、营销中心、股东服务部、客户中心、咨询中心、人力行政部、企划部、财务中心和总裁办。凡是中心负责人、部门负责人，都应纳入股权激励的范围。

二、基于5年以后的组织架构进行考虑

确定要激励的人员时，要基于5年以后的组织架构来考虑。也就是说，当前确定的激励制度，不仅要激励上面提到的这些人，还要考虑公司5年后的组织规划，为今后进入的人才预留位置。

5年后，企业所在的行业会变成什么样？

企业希望在行业中扮演一个什么样的角色？

假设要成为这种角色，企业的组织架构将是怎样的？

假设5年后的组织架构是这样的：多出一个行政部、一个品牌事业部，还多出各种委员会（如管理委员会、提名委员会、薪酬委员会和审计委员会），那么根据现在和5年以后的组织架构，要能确定激励哪些人。具体而言，如果按照现在的组织架构需要激励8个人，而5年以后需要激励12个人，就要把激励这些

人的股份空出来。例如，公司准备拿出 30% 的股份来进行股权激励，而这 30% 是基于 5 年以后的组织架构的，那么根据现在的组织架构，实际上是要拿出 20% 的股份来进行股权激励，把 10% 留给未来新设的几个岗位的负责人。

三、基于公司的发展战略进行考虑

确定要激励的人员，还要基于企业的发展战略来考虑。激励企业上下游，激励投资者，激励"明日黄花"等，都要根据企业的战略规划而定。

总之，根据企业的组织架构和发展战略，确定了要激励哪些人之后，就要通盘考虑企业的整体预算，明确如何分配才公平，同时还要令被激励者真正有被激励的感觉，这就是综合统筹。

◎ 明确激励对象

企业在综合统筹之后，就要明确实施股权激励时具体激励谁、激励什么样的人。

一、对 CEO 必须进行股权激励

原则上，对总裁、总经理、CEO 等人必须进行股权激励。那么，对 CEO 进行激励的方式是怎样的呢？

一般来讲，CEO 的收入构成是管理工资和在职分红。在职分红是面向管理者的，无论是不是股东，只要担任 CEO，就可以获得在职分红。

在此需要强调的是，即使你既是老板又是 CEO，如果企业内部要进行股权激励，那么也必须对自己做股权激励。这样的股权激励是做给别人看的："谁在这个位置上，收入就是谁的。今天是因为没有别人做 CEO，所以由我暂时代劳。"当然，有一种情况除外——你是公司 100% 股份的所有者，而且你从未打算让别人来做 CEO，这时要不要给自己做股权激励就无所谓了。

二、对团队负责人必须进行股权激励

对企业的业务团队负责人也必须进行股权激励，特别是在小企业中。企业家如果对这个人的能力、品行等不能确定，那么可以用虚拟股权进行激励，不到工商局注册，只把利润的一部分拿出来进行分配。可以这样跟对方解释："因为公司比较小，我也不知道公司有没有明天，所以公司的业务风险部分不用你们承担。

但是利润由大家共享，我只拿其中的一部分，剩下是你们的。"

对非业务团队的负责人，如财务总监、研发总监、客服总监，也要进行股权激励。原则上他们都可以成为企业的股东，但不一定要到工商局注册，可以采用虚拟股权进行激励。他们虽然不是公司的注册股东，但依然可以与老板一样享有分红待遇。而且不同部门的负责人，股权激励的额度可以不同；职务相同，但贡献不同，激励的额度也可以不同。

三、对"明日黄花"和"未来之星"进行股权激励

哪些人属于企业的"明日黄花"呢？没有他，就绝对没有企业的今天；但有了他，对企业的明天也没什么帮助。换句话说就是，企业初创时，他为企业尽心竭力，无私奉献；但是随着企业的不断发展、壮大，他已经不能胜任现在的职务，甚至开始阻碍企业的发展。

有的老板可能会认为，既然对企业发展毫无帮助，那就直接开除吧。但是试想一下，这些跟着你干了这么多年、为企业做出过贡献的人被你一脚踢开，那现在跟着你干的人看到这种情形心里会怎么想？他们会想："这就是我将来的下场，还是另谋生路早点走人吧！"所以，对"明日黄花"进行股权激励，就是对现在身边人的最大认同，可以让能干的人看到希望。这不仅是企业家的道德问题（商德），更是一种商业智慧。

企业既然有"明日黄花"，就会有"未来之星"。所谓"未来之星"，指的是这样一类员工：他们现在非常优秀，因为种种原因还不是部门的负责人，但他们是企业内部可以培养的对象，是企业未来的栋梁。对于他们，企业同样要进行股权激励。

这里要提醒的是，鉴于对企业发展的意义不同，各自的价值也不同，企业在对这两类员工进行股权激励时，要采用不同的方式。

四、对"上下游"进行股权激励

对企业的上下游也需要进行股权激励。如果可以将这些人紧密捆绑在一起，就能形成一条产业链。你的同行只是这个产业链上的一个点，而你在经营整条产业链，掌握着话语权。

不仅要激励上下游，还要激励行政部门的相关人员，激励圈子以外的所有利益相关者。通过你的努力，形成一个点、线、面的结合体，整体力量日渐强大，

他人自然难以与你的企业竞争与抗衡。

以上是基于企业股权激励的一般情况而言的，其中也有特殊情形，需要企业家细细斟酌。

👉 定数量：用多大的额度进行激励

所谓"定数量"，就是要确定拿出多大的额度来进行激励。这个数量的设定有两个原则：其一，要确保激励对象的积极性；其二，要确保公司治理的安全性。

在此，我们了解一下上市公司会拿出多少股权来进行股权激励。

（1）上市公司的激励额度不得超过总股本的10%。

（2）任何一名激励对象通过全部在有效期内的股权激励计划获授的本公司股票，累计不得超过公司总股本的1%。

（3）激励对象所拥有的股权收益不能超过其全部收益的30%。也就是说，假设激励对象一年的收入是1 000万元，那么股权激励的收益则不应该超过300万元。

（4）公司上市以后第一次进行股权激励，释放的额度不能超过公司股本总额的1%。

再来了解一下西方创业公司股份期权的分配原则。这些企业在创业之始就会进行股权激励。例如，外聘CEO一般持有公司5%～8%的股份，但外聘的副总经理持有的股份只有0.8%～1.3%；一线的管理人员每人持有的股份在0.25%左右；普通员工持有的股份在0.1%左右。

当然，有的企业还有外聘董事，他们的股份占0.25%左右。上述这些股份期权加在一起，一般占公司股份总额的15%～20%。

有人会问，中国的企业怎么做比较好呢？本书的观点如下。

（1）要设定公司的薪酬战略。首先要了解同行，看看自己企业的薪酬与同行相比是偏高还是平行，或者是总体偏低，由此就可以确定薪酬战略了。

（2）要根据激励对象的岗位价值来评估，根据岗位价值模型评估其未来能够为公司创造的价值，据此推算在此岗位上的员工应该拿多少股权。

（3）采用行业水平与个人需求相结合的模式。例如，同行 CEO 的年薪大概是 100 万元，本企业 CEO 个人的收入需求是 150 万元，那么可以采取给予 90 万元现金再加上 60 万元股权收入的方式。这样做既减少了现金支出，又激励了对方。

（4）预测下一年可分配利润与现值之间的差异，再转换成一个比例。下面举例来说明这个问题。假设本企业 CEO 期望的年薪是 120 万元，而现金支出只能给 100 万元，那么其余 20 万元就可以用在职分红来转换。如果企业明年预计能够拿出 1 000 万元来分红，CEO 分 20 万元，占 2%，那他就是 100 万元年薪不变，外加 2% 的在职分红。但是 20 万元的在职分红能不能拿到，取决于明年他能否使企业保持正常发展。如果他没能使公司保持正常发展，那么公司 2% 的在职分红就拿不到；如果是超额完成任务，那么所有收入可能还不止 120 万元。

当然，这里所涉及的是成熟公司的运作模式，计算也相对简单，并未考虑股份的增值和溢价。如果需要考虑上述因素，那就是另一种计算方式了。

结合上述实例想一想，对于企业核心成员，企业到底需要拿出多少股份来进行股权激励呢？

◎ 确定股份数量和比例的 7 项原则

企业在确定股份数量和比例时，要遵循以下 7 项原则。

一、确保股份的稀缺性

股份制公司最稀缺的资源就是股份，因为股份跟其他的资源不一样，它是最稀有的——非股份制公司没有。

二、具有行业的竞争性

企业家要了解整个行业的发展趋势。假如，你是股份企业的老板，你拿出了 3% 的股份给公司的 CEO，而同行没有这个先例，那你就是行业的引领者，就有了竞争优势。假如这个行业中所有企业的股权激励都已经做得非常成熟了，而你的企业只是进行了简单的股权激励，与同行相比还差得很远，毫无竞争力，那做股权激励就没什么意义了。

三、实现对个体的激励性

值得注意的是，不要因为企业规模还小就认为没有必要进行股权激励，即使是在创业阶段，也可以设计股权激励方案。如何吸引人才、如何跟风投谈判、如何跟高管谈判、企业要获得什么，企业家在思考这些问题时就要有股权激励的理念。因为竞争性针对的是同行，激励性针对的是个体。

四、保证群体的公平性

公平性指的是对于整体的公平性。企业给某几个人股份，他们会很开心，但其他的人怎么办呢？此时，企业需要考虑公平性。所以企业在制订股权激励方案时必须要明确股权激励对象的进入标准，确保选择激励对象时的公平性。

五、投资具有经济性

做股权激励时还要考虑作为一个企业家的投资回报的经济性，这也是一个基本原则。

六、结合企业的安全性

企业的安全性是指做股权激励时要考虑公司治理的安全性。

七、收钱具备合法性

在进行股权激励的过程中，企业还要考虑操作步骤的合法性，包括购股款的收缴、股权转让操作等。

◎ 股权激励的三条"生死线"

"不谋万世者，不足以谋一时；不谋全局者，不足以谋一域。"企业要进行股权激励，企业家就要对企业有非常长远的规划，如5年、10年、30年甚至更长的时间。真正的考虑全局，是要看到企业未来的发展形态，充分考虑企业在不同发展时期的治理策略。

企业发展的过程可以分为几个阶段：初创期、发展期、扩张期、成熟期、稳定期，如图2-1所示。

企业发展的初创期，不是按照企业存在的时间长短来界定的，而是按照企业的成熟程度来界定的。初创期的典型标志是，老板还在尽自己的一己之力，职业经理人、各部门负责人还不能独当一面。离开老板，企业就转不动了，哪怕这个企业已经存在了10年、20年。

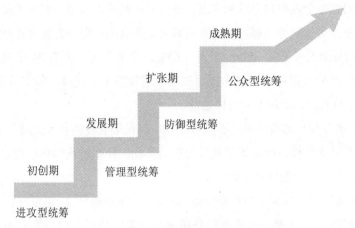

图 2-1　企业发展路线

企业在初创期可以进行股权激励吗？当然可以。企业在任何发展阶段都可以做股权激励，只不过在不同的发展阶段，激励的模式不一样罢了。企业处于初创期时，团队不成熟，建议做虚拟股权激励，也就是在职分红激励，100多年以前称为"身股激励"。职业经理人以身为股，以能力入股，公司不用他投资一分钱，亏损时不需要他负责，盈利时他可以跟老板一起分利润；他有分红权，但没有表决权和所有权，一旦离开企业，分红权自动失效。

建议企业在初创期尽量不要给员工注册股，以免为企业埋下定时炸弹，除非这个人已经在心里对企业完全认同。不懂得如何去运作股权激励，企业内部就会出现问题，如果做得好，则可以快速推动员工的成长与进步；反之，则会给企业发展造成阻碍。这就好比核能的两面性：用得好，可发电造福人类；一旦发生危险，人类甚至整个地球都可能被毁灭。所以，如果企业的核心高管还不太成熟，就只能用虚拟股权激励，只有分红的资格而没有决策的权力。

在企业的发展过程中，企业要如何分配员工的股权比例呢？作为老板，掌握多少股权才是最合适的呢？具体可以参考以下三条"生死线"标准。

一、释放的额度不超过 1/3

释放给员工的股权额度必须低于 1/3，老板要拥有 2/3 以上的额度。最佳比例是，员工持股 33% 以内，老板持股大于等于 67%。

为什么要设定这个比例呢？因为《中华人民共和国公司法》（以下简称《公司法》）规定，当外围的股份大于 67%，或者某个人持有的股份大于 67% 时，对重大事件拥有完全表决权。举例来说，公司的一些重大事项，如重大投资、核定重组、修改公司章程等，都需要召开股东大会来表决。假如老板把股份分给了33个人，他们每个人占1%，老板一个人占67%，那么公司一共有34个股东。当老板提出要修改公司章程时，股东投票表决，老板投了赞成票，即使另外的33个股东都投了反对票，提议照样可以通过。

所以，老板释放的股份额度不要超过1/3，以保证老板拥有企业的完全治理权。老板不是不愿意放权，而是还不具备放权的条件。什么时候能释放超过1/3的股份额度，取决于企业发展到了什么阶段。

在股权统筹中，这属于进攻型统筹，真正可以做到进可攻、退可守，收放自如。进攻型股权统筹在修改公司章程、公司兼并重组、公司定向增发股份等重大事件中具有十分重要的作用。因为企业处在初创期，高管可能还不够成熟，所以老板应该将公司治理权控制在自己手中，以免高管获取股份后干扰或影响公司的决策。

二、老板控股大于等于52%

随着企业不断成长，高管素质不断提高，企业慢慢走到了发展期。此时老板可以抽出身来进行企业规划，以及更长远的思考。老板可以考虑将股份再释放一些给高层，让他们从小股东慢慢变成中股东甚至过渡到大股东，老板只需做好管理型统筹的股权布局（见图2-2）即可。

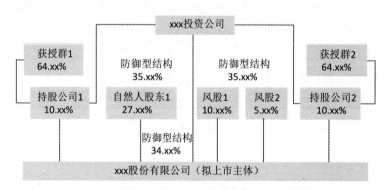

图2-2 股权布局（图中的数据代表建议的股权比例）

虽然投资公司没有控股，但是拥有了对持股公司1和持股公司2的重大事件一票否决的权利。也就是说，持股公司1和持股公司2无法做出对投资公司不利的事，相当于投资公司掌控了两个持股公司。这两个持股公司所持有的主体公司的股份加在一起是 20.××%，投资公司直接在主体公司持股 34.××%，加在一起是 54.××%，达到了相对控股。也就是所谓的管理型统筹。

前面提到过，股权布局是一种战略层面的智慧和手段，是考虑到企业未来要上市，为了规避各种风险（如家族企业的直系亲属持股、股东人数过多、持股公司间接持股等）而做出的安排。股权布局有企业内部的布局，也有企业之间合作的布局，一般我们会把风投考虑进去，因为有外部投资者的公司，其治理结构相对来说更科学。

企业到了发展期，老板所持股份要越来越少，因为要让手下所持股份越来越多，此时老板要做的是控股。

所谓"控股"，比较传统的说法是持股比例要占到 51%。这里建议，所占比例要大于或等于 52%，而不是 51%。为什么呢？因为股权激励不能只看当下一城一地一时，而要谋全局，要把企业的整个生命周期看透。如果公司不考虑上市，那么 51% 的控股就足够了；但是如果公司未来要上市，就要占股 52% 以上。虽说 51% 和 52% 只相差一个百分点，但如果公司真的上市了，这 1% 对于公司的控制权来讲至关重要。因为如果要上市，公司的股份就要经过两轮稀释，即在引进风投时稀释和在公司上市之时稀释。

假设两轮共计稀释 35%（上市前融资释放 10%，同时 IPO 释放公众流通股 25%），我们来比较一下。如果你原先持有 51% 的股份，被稀释了 35%，那么你的股份比例还剩下 33.15%；如果你原先持有 52% 的股份，同样被稀释 35%，那么你的股份比例剩下 33.80%。33.80% 和 33.15% 有什么区别？单看数字，只有百分之零点几的区别。但它实质上有一条分界线，就是一个大于 1/3，一个小于 1/3，这个区别至关重要。

举例来说，当企业处于初创期时，你作为老板，拥有 67% 的股份，现在股份被稀释后，你的持股比例是 33.15%。你的团队里有一个比较有影响力的人，如果这个人能力很强、人品很好，那他就是企业的福星；如果这个人能力很强但是心术不正，那他可能会把企业带向万劫不复之地。因为他可以影响其他人，外围股份已经超过 2/3，可以对公司做任何的改动，包括重新制定公司章程。

如果企业老板拥有 1/3 以上的股份，那他还拥有另外一项权利：重大事件否决权。这样既保证了外围的整体股份少于 67%，又保证了老板拥有对整个公司的绝对治理权。因此，控股比例最好大于或等于 52%，这是第二条生死线。

三、老板的股份要占 35% 以上

企业处于初创期时,老板的股份最好占 67% 以上,发展期时占 52% 以上,扩张期时占 35% 以上,成熟期时即使占 2.5%,价值也可能高得惊人。

西方的企业在成立之初,律师就会为创业股东立下几条规则。例如,第一,明确他是公司的原始股东,未来不管他的股份被稀释到什么程度,他所拥有的对企业的表决权都不低于 51%,后来的股东不同意这个规则是不能进入的;第二,明确他是公司的发起人股东,未来公司的董事会成员,由他提名的人占有半数以上的席位。换句话说,他既控制了董事会,又控制了股东会。即使他只有 2.5% 的股份,也可以掌控公司。这样就在法律上保障了创业者的合法权益。另外,在西方,企业上市的门槛不高,但是如果上市之后被发现公司并未按照规矩做事,那么企业会"死"得很惨。对上述规则,我们要学会真正灵活地运用,不要照搬教条,因为东西方的文化差异很大。

随着发展,企业逐步成熟,进入成熟期。当企业是由社会力量来监督时,企业老板的股份可以变得很少,并不需要掌握 1/3 以上的股份,即便只有公司 3.5% 的股份也够了。因为此时企业发展到了成熟期,是公众治理阶段,虽然老板拥有很少的股份,但是可以在公司章程中加上保障老板作为原始股东权益的条款,让老板拥有公司的主导权。这就是公众型股权统筹。

◎ 设定总公司及子公司释放的股权激励额度

在实施股权激励时,设定总公司及子公司的股权激励额度是重要的一步。在上市之前,总公司的激励额度一般为 10%~48%,是基于股权激励的三条"生死线"得出的结论。

将 48% 的股份分出去,总公司还有 52% 的股份,这 52% 的股份及对应的表决权是老板可以影响、可以控制的,但不一定是老板自己直接持有的。这样分配股份的目的是控股,这是管理型统筹。那么,分出去的 48% 的股份又当如何分配呢?例如,19% 用于总公司的核心高管,9% 用于子公司,20% 用于投资机构。但这 48% 不是一下子分完的,有的可能到公司准备上市的时候才分,在上市之前可以用 48% 的注册股加上部分在职分红股。换句话说,老板只要 30% 的分红,剩下的 70% 拿去分配,但老板持有 52% 的表决权。这种组合方式非常恰当。

对于分公司而言,因为只是企业的一个下属机构,没法注册,所以是没有股

份的。子公司能够注册，假设老板没有打算让子公司成为上市公司，那么可以拿出49%的股份来激励子公司的核心高管。为什么是49%呢？假设总公司上市了，那么必须控制子公司51%的股份，财务才能合并报表。假设企业认为49%的额度太少了，那么平时分红时可以多分一些，但老板的控股比例要超过51%，这个原则不能突破。

再假设，老板想让某个子公司在未来单独上市，那么在上市之前老板最好占52%的注册股。这也是原则问题。

◎ 拿出多少股份激励核心高管

公司上市之后，第一次进行的股权激励是尝试性的，不得超过总股本的1%，要多次、多对象激励。例如，企业要在10年内拿出30%的股份来做激励，那就不要一次性把30%的股份全部释放。因为全部释放可能会有这样一种结果，就是某个人拿到股份之后觉得自己已经成为股东了，就不想干了，离职时会把股份带走，因为他是注册股东，这样公司的损失就大了。

那应该怎样释放这30%的股份呢？例如，可以设定为释放5次，每两年激励1次，每次释放6%。如果某个人拿到股份后要离职，那么还有一个空间留给其他人。假如某个高管要10%的股份，那么可以这样操作：如果他表现很好，那么10年时间里，每年转赠1%的股份给他，其他部分属于在职分红，也就是每年都拿10%的分红；如果他干了5年离职了，那么他拿走5%的注册股，剩下的5%公司可以收回，然后给这个高管的下一任。

一个企业应该拿出多少股份做股权激励，没有绝对的比例，因为企业之间千差万别，属性不一，利润率也不相同。我们之所以要探讨成熟企业的相关数据，是希望能够供企业家参考，帮助其掌握基本原则。处于成熟期的公司，要制定股权激励的组合式薪酬战略，根据岗位价值确定股份的额度，不同的岗位所能获得的股份额度是不一样的。同时，要将行业水平与个人薪酬相结合。前文中介绍的年薪加在职分红的案例能清楚地说明这个问题。

股权激励的巧妙之处在于，能够降低人力成本、限定企业规范、约束整个企业的行为。它与薪酬绩效完全是两个概念，只要把股权激励做好了，薪酬绩效是激励对象自己想办法去做的。

那么，不成熟的公司该如何设定股权比例呢？既要考虑对方的欲望指数，也要考虑公司实际的经济状况。例如，某人期望的年收入是300万元，企业要通过计算公司的整个利润情况、利润底线、安全保障、现金流目标等来综合衡量可不可以接受。假设公司可以承受，就设计一个"优先分红"制度。只要对方能力强，能完成各项指标，就可以给他这样的收入保障。

另外，在设定股权比例时需要注意以下两种人。一种是期望值很高的人，如果股权激励的额度太小，起不到激励作用，还不如不做，或者干脆采用薪酬模式，操作起来更简单。还有一种人是小富即安型，对他们进行股权激励时，首先要了解他们的需求。例如，有的人只想赚500万元就告老还乡，那就不必给他太大的股权激励额度。假设企业一年的销售额达50亿元，纯利润为5亿元。企业给他5%的股份，折合为2 500万元，本来赚500万元是他一生的追求目标，结果一夜之间就达成了，那么激励他长久为公司工作的效果便会大打折扣。

定来源：增发股份是"做加法"还是"做减法"

定来源，即确定增发的股份从哪里来，有两种方式："做减法"和"做加法"。实践中大多数企业会采用"做减法"的方式。

（1）"做减法"是指把原有的100%的股份逐步释放出去。

这种做法相当于把原有股份当作一个固定的存量，然后不断向外分发，其结果自然是原有的存量越来越少。"做减法"的激励方式会使公司做得越多，"死"得越快。例如，公司有100%的股份，给了CEO张三5%，还剩下95%的股份。张三拿到注册股后，带着这5%的股份离开了。李四接任CEO职位后，通过两年的努力也拿到了5%的股份，当他决定转行去做其他生意时，又带走了5%的股份……就这样，不断地人来人走，带走股份，总有一天股份会变为零。而且由于能分到股份而受到激励的人非常有限，因此这并不是一种科学的分配方法。

（2）"做加法"也称为"虚拟转换法"或"无中生有法"。

"做加法"是将原有股份虚拟成100股，如果给激励对象股权，就在原有的100股的基础上增加股数。例如，要给CEO 5股，就在100股的基础上加5股，总股数变成105股，以此类推。这种做法的好处有很多，最主要的好处是，能解决激励对象获取股份后不思进取的问题。因为有能力的人的股数是不断增加的，而不能为企业继续创造价值的人的股份绝对值是不变的,但实际上分红比例在不断减少。换言之,如果你不努力,公司会给比你努力的人股份,这样就会有更多的股东稀释你的股份,你的分红比例就会慢慢变小。因此,这种方式会促使被激励者更加努力地工作,争取多做贡献,多赚取股数,从而增加分红比例。

由此可见,增发股份不能"做减法",而是要"做加法"。还是上述例子,CEO张三离职时带走了5股的分红,李四接任后经过努力也拿到5股,那么公司总分红股数就会变为110股。假设有20个CEO都在公司任职过,每个人都能拿到5股,"做加法"的结果是总分红股数变为了200股;"做减法"的结果是,20个CEO拿着股份离开,公司的总股份就是0了。

这是改变游戏规则的做法,效果很好,本书将其总结为"功者有其股"。也就是说,股份永远给对企业有贡献的人,应该留给那些正在为公司创造价值的人,谁创造的价值多,股份就应该多给谁。员工持有的公司股数是分子,公司分红的总股数是分母,分母可以不断加大,但如果分子不变,其值就会越来越小。假设某位高管拿着股份离开公司了,那他的股份就会不断被稀释。

所以,制定股权激励方案时不要再用百分比了,首先要确立将公司股份虚拟为多少股,打算增发多少股,而不是拿出多少股来进行激励。拿出多少股称为"做减法",增发多少股称为"做加法"。把"做加法"学会了,做股权激励就能规避很多风险,而且这种方法都是在职分红股,不用到工商局注册,几乎没有任何风险。从"做减法"到"做加法",这是一个重要的改变。股份从哪儿来?"无中生有"。

当然,从专业的角度来讲,股份来源还有大股东转让、二级市场回购等方式。但无论如何,企业家要想使股权激励长期有效,就一定要"做加法",做增量。

定性质:用什么性质的股份进行激励

股份的性质从大的范围来讲分为两种:一种是虚股,另一种是实股。虚股就是只有分红资格,没有决策权;实股就是既有分红资格,又有决策权。

非上市公司的实股激励是指公司直接以该公司在工商局登记的股权作为激励标的,通过各种方式使激励对象拥有公司实股,也就是成为公司股东,以此使激励对象的利益与公司利益、股东利益保持一致,达到激励目的。

一般来说,实股激励有以下三种类型。

一、实股奖励

实股奖励即股东或公司无偿授予激励对象一定份额的股权或一定数量的股权。如果是因为激励对象达到了公司设定的经营目标而被公司授予了实股,就可以称为业绩股份,享有分红权。为了避免激励对象的短期行为,公司可以规定实股所有权保留期,在期满后,符合授予条件的,由公司按持股份额发放股份登记证书,或者前往工商局办理股权变更登记手续。

二、实股出售

实股出售即股东或公司按股权价值评估得出的价格或优惠价格,以协议方式将公司股权出售给激励对象。

三、定向增资

定向增资即公司以激励对象为定向增资扩股的对象,激励对象参与公司的增资扩股行为,同时获得公司的股权。

对激励对象而言,拥有实股就等于拥有了公司注册股东的合法身份,可享受法律规定的股东权益。

(1)作为实股股东,有权请求查阅与复制公司章程、股东名册、管理人员名册、股东会议记录、财务会计报告、审计报告等。

(2)有权请求查阅、复制公司会计账簿。

(3)有限责任公司的股东可以请求查阅董事会会议记录;股份有限公司的股东持有公司1%以上股份的,可以请求查阅董事会会议记录。

(4)实股股东在行使知情权时受到阻碍的,可以公司为被告提起诉讼。

(5)股东会做出修改公司章程、增加或减少注册资本的决议,以及公司合并、分立、解散或变更公司形式的决议,必须经代表2/3以上表决权的实股股东通过。

(6)有限责任公司的股东会决议公司合并、转让、实行股份交换、出租公司全部财产、对公司经营范围进行重大变更或修改公司章程、限制股份转让的,在股东会决议表决时投反对票的股东有权请求公司收购其股份。

(7)公司连续5年或5年以上盈利,且符合《公司法》规定的股东分配利润条件，但不分配利润的，在股东会决议表决时投反对票的股东有权请求公司收购其股份。

（8）有限责任公司的出资人履行出资义务或股权受让人受让股权之后，公司未向其签发出资证明书或未将其记载于公司股东名册的，股东可以向人民法院提起诉讼，请求公司履行签发或记载义务。

（9）股份有限公司成立后，履行出资义务的股东，有权请求公司交付股票。公司不予交付的，股东可以向人民法院提起诉讼，请求公司履行交付义务。

（10）记载于有限责任公司股东名册的公司股东，向公司主张股东权利，公司无相反证据证明其请求无理的，人民法院应予支持。有限责任公司未置备股东名册，或者因股东名册登记管理不规范，未及时将出资人或受让人记载于股东名册，但以其他形式认可出资人或受让人股东身份的，出资人或受让人可以依照前款向公司主张权利。

（11）有限责任公司应当根据公司登记条例将出资人或股权受让人作为公司股东，向公司登记机关申请登记或变更登记。公司不予申请登记的，出资人或受让人可以向人民法院提起诉讼，主张其享有公司股权并请求公司履行登记义务。

（12）有限责任公司出资人履行出资义务或股权转让的受让人支付受让资金后，公司未向其签发出资证明书、未将其记载于公司股东名册，或者未将其作为公司股东向公司登记机关申请登记的，出资人或受让人可以向人民法院提起诉讼，请求判令公司履行签发、记载或申请登记义务。

（13）股东主张撤销股东会决议的，应当自股东会议结束之日起2个月内提起诉讼；股东主张股东会决议无效的，应当自股东会议结束之日起2个月内提起诉讼。

（14）股东认为股东会决议违反法律、行政法规或者侵犯股东合法权益的，可以向人民法院请求确认股东会决议无效。

所谓"虚股"，即虚拟股份，是指公司授予激励对象的一种虚拟股票，激励对象可以据此享受一定的分红权和股价升值收益，但没有所有权和表决权，不能转让和出售股份，且股份在激励对象离开企业时自动失效。

与实际股权激励类似的是，公司授予激励对象的虚拟股权，在公司实现业绩目标的情况下，激励对象可以据此享受一定的分红权和股价升值收益。区别在于，虚拟股权没有所有权和表决权，不能转让和出售，也无须工商登记。

虚拟股权激励是有条件的，需要中长期跟踪股权价值，而非上市公司则是跟踪每股利润。虚拟股权的优势在于，避免了以变化不定的股票价格为标准去衡量公司业绩和激励员工，尤其是在这些波动不是由于公司业绩变化造成的，而是由于投机或其他宏观变量、经理人员等不可控因素引起时。

当然，虚拟股权激励也存在一定的风险。虚拟股权操作方便，只要拟订一个内部协议就可以了，不会影响股权结构，也无须考虑用于激励的股票的来源问题。但由于企业用于激励的现金支出较大，会影响企业的现金流，毕竟不是所有企业都能保证持续的高增长率和高利润。另外，如何考核参与虚拟股权激励计划的人员也是风险之一。对于实施虚拟股权激励的企业，需要考虑的重要问题是，如何实现企业经营者的报酬与其业绩挂钩。

最早运用虚拟股份的是玫琳凯公司。1985 年，面对销售额下降、财务困难等危机，玫琳凯公司设计出了一种想象的股票来跟踪公司的股价，并且给了 30 位高级经理 15% 的虚拟股权，价值 1 200 万美元。在这样的激励制度下，1990 年，玫琳凯公司恢复了生机，虚拟股票增值 2 倍以上。

综上所述，公司采用什么性质的股份进行激励，取决于公司的激励目的、激励条件等因素。

定条件：在什么条件下才能拿到股份

假如给 CEO 张三 5 股股份，那么事先要与张三约定：岗位的价值是 5 股在职分红，要想拿到分红，当年需要完成不低于 80% 的目标任务。如果只完成了 60%，那么只能拿到 5 股的 60%，也就是 3 股；如果达不到 60%，那么股权激励的资格将被取消。这就是定条件。

目的决定条件。如果企业想留住某个高管，就可以与他约定：只要工作满多少年、取得什么业绩就给他多少期权。但是，当年之内无论什么原因，只要离开公司，全部期权就被收回。

通常来说，激励对象如果要成功获取股份，需要通过企业的考核。这里建议按照"六星"标准来考核，达到考核标准，即可得到股份。

"六星"是指考核的6个内容模块，分别是思想意识、绩效目标、行为表现、道德表率、学习成长和人才培育，如图2-3所示。

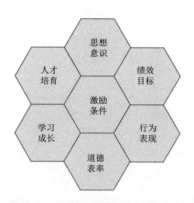

图2-3 股权考核的"六星"标准

企业可以根据自身的情况，从上述6个方面对激励对象设置科学的考核条件。为了便于大家理解，本书在此列举了某企业类似"六星"标准的相关考核标准（见表2-2），以供参考。（表中"一票否决制"的意思是，违反公司制度的次数超过规定次数后即一票否决。例如，不能违反制度超过5次，当违反的次数达到6次时，即一票否决。在考核时，这个违反次数也是考核标准。）

表2-2 某企业股权考核标准

序号	考核项目	考核标准
1	价值观	（1）价值观要与公司一致，系数为1 （2）若经公司认定存在违反公司价值观的行为，则一票否决，系数为0
2	公司指标/部门指标	考核内容： （1）财务指标，权重50% （2）客户指标，权重20% （3）营运指标，权重10% （4）员工指标，权重20% 评分标准： （1）85%≤公司指标完成率，系数为1 （2）70%≤公司指标完成率＜85%，系数为0.8 （3）公司指标完成率＜70%，系数为0

续表

序号	考核项目	考核标准
3	自律项	（1）违纪次数不超过规定次数 （2）一票否决制
4	客户满意	（1）被投诉（成立）不能超过3次 （2）一票否决制
5	品德项	（1）全员支持率不得低于85% （2）一票否决制
6	成长项	学习投资等于或高于收入的5%，系数为1。学习投资每降低1%，成长项系数降低0.05。成长项系数最低为0.8

定价格：股份是否要花钱购买

股份要不要让员工花钱购买，这取决于股份的性质。

虚股是不需要花钱购买的。例如，在职分红股，人在公司时就有，人不在公司时由公司自动收回。

实股、注册股是必须花钱购买的。原因在于，愿意交钱才愿意交心。如果需要花钱购买股份，那么有几个问题需梳理清楚。第一个问题是，企业售卖股份是否有非法集资的嫌疑？第二个问题是，股份用什么方式作价，价值如何？

针对第一个问题，根据国家颁发的《非法金融机构和非法金融业务活动取缔办法》，非法集资是指单位或者个人未依照法定的程序经有关部门批准，以发行股票、债券、彩票、投资基金证券或者其他债权凭证的方式向社会公众筹集资金，并承诺在一定期限内以货币、实物及其他利益等方式向出资人还本付息给予回报的行为。

经过对比可以看出，对非上市公司而言，它没有公开对社会大众发行股票，只是对特定的激励对象发售；也没有给激励对象一定期限内还本付息的承诺，而是要共同承担风险。显然，出资购买企业股份并不是非法集资，而是企业的一种正常经营行为。

针对第二个问题，我们建议采取以下三种定价方式。

一、现值等利法

假设公司的净资产为 1 000 万元，即公司 100% 的股份值为 1 000 万元。要到工商局给激励对象注册 5% 的股份，就是价值 50 万元。换言之，激励对象要花 50 万元才能注册 5% 的股份。

二、现值有利法

现值有利法是一条对激励对象有利的法则。按照现值等利法的原则，需要花 50 万元才能买到 5% 的股份；而按照现值有利法原则，只需要花 25 万元就可以买到 5% 的股份。企业在做股权激励的时候，如果内部员工要入股，我们一般会建议给一个相对来说比较低的价格，25 万元买 5% 的股权相当于是买一送一的政策，这样员工参与的积极性相对会比较高，同时也能体现老板的格局和胸怀。这种方法对职业经理人较为有利。

三、现值不利法

如果说现值有利法是对激励对象有利，那么现值不利法则是对激励对象不利。假设现在公司 5% 的股份值 50 万元，但是有风投愿意用一亿元的价格给公司估值，那么风投要占公司 5% 的股份就需要花 500 万元来购买。显然，这个时候激励对象花 50 万元不可能购买到 5% 的股份，这就是现值不利法。

定权利：持股者拥有什么权利

通常情况下，通过股权激励所获得的股份有分红权、决策权、转让权、继承权……这些权利又称为"所有权"。虚股只有分红权，其他权利都不具备。注册股通常有很多权利，包括决策权、转让权、继承权、授予权、抵押权、担保权等。权利又来源于属性，属性包括虚股和实股，这两者的权利是不一样的。

企业要明确规定给予激励对象哪些具体的权利。如果规定股份只有分红权，那么企业可以采取"532"的分红原则（后文会讲解这一原则的操作方法）；如果是注册股，权利就不一样了，它具有分红权、决策权、转让权和继承权等。所以说，在设计股权激励方案时，确定激励对象享有什么样的权利，也是非常重要的一环。权利没有搞清楚，整个方案就会乱套。

某创业公司刚成立两年，对公司的总经理、财务总监、营销总监这3名核心人才进行了股权激励。按照规定，如果当年公司能够完成年度目标，各个部门也能够完成部门目标，则公司会拿出总股本的5%对他们进行激励。结果，在大家的共同努力下，公司和部门不但顺利完成了目标和任务，还将某些指标超额完成。当然，公司也非常爽快地兑现了承诺，给他们三人分配了股份：总经理获赠2%，财务总监和营销总监各获赠1.5%。由于这个股份属于注册股份，是实股，因此这三位骨干就成了公司的注册股东，也就是员工眼中的老板了。

但是，令公司意想不到的是，在获取股份后，该营销总监就经常以股东的身份要求财务部门提供公司的财务报表给他看。同时，他还经常以股东的身份影响和干扰公司的决策，使公司处于被动的局面。当初在进行股权激励时，公司并没有完全明确激励对象获取股份后的权利，造成了核心骨干在签署股份赠予合同后，就完全拥有了国家规定的合法股东的全部权利。

如果当初该公司在授予激励对象股份时，就明确规定激励对象在获取股权后，第一年只拥有分红权，而没有其他任何权利，第二年起根据实际情况再赋予激励对象其他权利（如表决权、建议权、转让权等），这类情况就完全可以避免了。

知识链接

股东的权利通常简称为股权或股东权，是指股东基于其出资在法律上对公司所享有的权利。我国《公司法》第四条规定，公司股东依法享有资产收益、参与重大决策和选择管理者等权利。除该条之外，《公司法》在其他条文中也规定了股东的具体权利，归纳起来可分为以下12类。

（1）发给股票或其他股权证明的请求权。

（2）股份转让权。

（3）股息红利分配请求权，即资产收益权。

（4）股东会临时召集请求权或自行召集权。

（5）出席股东会并行使表决权，即参与重大决策权和选择管理者的权利。

（6）对公司财务的监督检查权和会计财簿的查阅权。

（7）公司章程、股东会会议记录、董事会会议决议、监事会会议决议的查阅权和复制权。

（8）优先认购新股权。

（9）公司剩余财产分配权。

（10）股东权利损害救济和股东代表诉讼权。

（11）公司重整申请权。

（12）对公司经营的建议与质询权。

定合同：被激励者是否要签署协议

企业导入股权激励制度时，是否需要与激励对象签订股权激励协议书，取决于企业的价值观。假设企业"义"字当头，就不需要签订协议书，只要口头约定即可；假设企业选择法制化、规范化的治理模式，就必须签订股权激励协议书。

股权激励的对象必须与公司签订四项协议，即劳动合同、在职分红协议、竞业禁止协议和保密协议。这意味着成为股东是有要求的，激励与约束是同步的，一旦成为激励对象，企业有多少资产就会成为公开的信息，任何人都有保密责任。一旦有人泄密，轻则被取消股权激励资格，重则被要求赔偿，甚至可以交由司法机关处理。

为什么必须要签订竞业禁止协议呢？很简单，如果某人在企业工作得不错，成为股东（被激励者），那么企业跟被激励者就可以有个约定：假如某天离职，被激励者在两年或者三年内不能去同行企业工作。如果被激励者离开了企业，没到同行企业工作，原企业每个月还会发给被激励者一定数额的工资，前提是被激励者每个季度要向企业提交述职报告，说明自己在做什么样的工作。而为了证明自己没到同行企业工作，被激励者还要提交相关的劳动合同和社保证明。但是，如果被激励者违背协议，离职后到同行企业工作了，那么按照竞业禁止协议的约定，企业可以要求赔偿。

签订股权激励协议书最基本的前提是要签订劳动合同，否则，其他协议全无立足之地。

实用工具 ——股权激励相关合同范例

分红股授予协议书

（适用于非上市公司直接赠予的分红股激励）

甲方	乙方
名称：深圳市××有限公司	姓名：×××
法人：×××	身份证号码：
地址：深圳市××工业区××栋	身份证地址：××省××市××路
电话：0755-××××××	现住址：深圳市××区××路××号
传真：0755-××××××	联系电话：××××××××××

甲、乙双方声明：在签订本协议之前，已经仔细阅读过《深圳市××有限公司股权激励管理制度》与本协议的各条款，了解其法律含义，并出于本意接受。为发展深圳市××有限公司（以下简称"××公司"）的事业，实现员工利益与公司长远价值的和谐发展，根据《深圳市××有限公司股权激励管理制度》的有关规定，经双方协商一致，达成如下协议。

1. 本协议遵循公平、公正、公开原则和有利激励、促进创新的原则。

2. 本协议不影响乙方原有的工资、奖金等薪酬福利。

3. 本协议有效期限为3年。

4. 甲方向乙方赠予分红股，签约当日，甲方的股份总数等同于注册资本数额。

5. 乙方持有的分红股每年分红一次，分红时间为每年年报正式公布后的30个自然日内。具体的分配办法由甲方董事会按照规定执行。

6. 乙方不得将甲方所授予的分红股用于转让、出售、交换、背书、记账、抵押、偿还债务等。

7. 在办理工商变更登记手续以前，当发生送股、转增股份、配股、转增和增发新股等影响甲方股本的行为时，甲方董事会有权决定乙方的分红股是否按照股本变动的比例进行相应调整。

8. 在本协议有效期内，乙方无论因何种原因退出（"退出"包括辞职、自动离职或被公司除名、辞退、开除，以及劳动合同期满后未续约等），其所获分红股自动失效。

9. 乙方同意有下列情形之一的，甲方有权无偿收回乙方获得的分红股。

（1）乙方严重失职、渎职。

（2）乙方违反国家有关法律法规、公司章程规定。

（3）甲方有足够的证据证明乙方在任职期间，由于受贿索贿、贪污盗窃、泄露甲方经营和技术秘密、损害公司声誉等行为，给甲方造成了损失。

10. 甲、乙双方根据相关税务法律的有关规定承担与本协议相关的纳税义务。

11. 本协议不影响甲方根据发展需要做出资本调整、合并、分立、发行可转换债券、企业解散或破产、资产出售或购买、业务转让或吸收及其他合法行为。

12. 甲方准备发行股票并上市或有其他重大融资安排时，乙方同意按照相关法规的要求及甲方董事会的决定，由甲方董事会对其所持有的分红股进行处理。

13. 本协议是甲方内部管理行为。甲、乙双方签订协议并不意味着乙方同时获得甲方对其持续聘用的任何承诺。乙方与甲方的劳动关系，依照《中华人民共和国劳动法》及与甲方签订的劳动合同办理。

14. 本协议是《深圳市××有限公司股权激励管理制度》的附件合同，如有未尽事宜，根据《深圳市××有限公司股权激励管理制度》进行解释，双方本着友好协商原则处理。

15. 对本协议的任何变更或补充需甲、乙双方另行协商一致，签署变更或补充协议书予以明确。

16. 甲、乙双方发生争议时，本协议与《深圳市××有限公司股权激励管理制度》已涉及的内容按约定解决。未涉及的部分，按照相关法律和公平合理原则解决。

17. 本协议一式两份，甲、乙双方各持一份，具同等法律效力，自双方签字盖章之日起生效。

甲方盖章：　　　　　　　　　　　　乙方签字：

法人代表签字：

日期：　年　月　日　　　　　　　　日期：　年　月　日

有条件分红协议书

（适用于非上市公司需要考核的分红股激励）

甲方　　　　　　　　　　　　乙方

名称：深圳市××有限公司　　　姓名：×××

法人：×××　　　　　　　　　身份证号码：

地址：深圳市××工业区××栋　身份证地址：××省××市××路

电话：0755-××××××　　　现住址：深圳市××区××路××号

传真：0755-××××××　　　联系电话：××××××××××

甲、乙双方声明：在签订本协议之前，已经仔细阅读过本协议的各条款，了解其法律含义，并出于本意接受。为发展深圳市××有限公司（以下简称"××公司"）的事业，实现员工利益与公司长远价值的和谐发展，经双方协商一致，达成如下协议。

1. 本协议遵循公平、公正、公开原则和有利激励、促进创新的原则。

2. 本协议不影响乙方原有的工资、奖金等薪酬福利。

3. 本协议有效期限为1年。

4. 乙方所获应激励分红股数为×股。

5. 乙方实际获得的激励分红股数由其各项考核指标的结果决定。

6. 考核指标包括：价值观、公司整体业绩、部门业绩、自律、品德、内部客户服务意识。以上6个指标同时考核，任何一个指标不达标，自动丧失激励资格。

7. 分红发放比例及时间：2017年1月25日前发放其应分红奖金的70%，2017年7月20日前发放其应分红奖金的30%。

8. 在本协议有效期内，若乙方出现下列情形（包括但不限于），则自情况核实之日起即丧失激励资格与考核资格、取消剩余分红，情节严重的，甲方依法追究其赔偿责任并有权给予其行政处分。行政处分包括但不限于停止参与甲方的一切激励计划、取消职位资格甚至除名，构成犯罪的，移送司法机关追究刑事责任。

（1）因不能胜任工作岗位、违背职业道德、失职渎职等行为严重损害甲方利益或声誉而导致的降职。

（2）甲方有足够的证据证明乙方在任职期间，由于受贿索贿、贪污盗窃、泄露公司经营和技术秘密、损害公司声誉等行为，给甲方造成了损失。

（3）开设与甲方业务相同或相近的公司。

（4）自行离职或被公司辞退。

（5）伤残、丧失行为能力或者死亡。

（6）违反公司章程、公司管理制度、保密制度等。

（7）违反国家法律法规并被刑事处罚。

9. 乙方根据相关税务法律的有关规定承担与本协议相关的纳税义务，由甲方代付代缴。

10. 本协议不影响甲方根据发展需要做出的资本调整、合并、分立、发行可转换债券、企业解散或破产、资产出售或购买、业务转让或吸收，以及其他合法行为。

11. 甲方准备发行股票并上市或有其他重大融资安排时，乙方同意按照相关法规的要求及甲方董事会的决定，由甲方董事会对其所持有的分红股进行处理。

12. 本协议是甲方内部管理行为。甲、乙双方签订协议并不意味着乙方同时获得甲方对其持续聘用的任何承诺。乙方与甲方的劳动关系，依照《中华人民共和国劳动法》及与甲方签订的劳动合同办理。

13. 本协议如有未尽事宜，由甲方薪酬委员会进行解释，双方本着友好协商原则处理。

14. 对本协议的任何变更或补充需甲、乙双方另行协商一致，签署变更或补充协议书予以明确。

15. 甲、乙双方发生争议时，本协议已涉及的内容按约定解决。未涉及的部分，按照相关法律和公平合理原则解决。

16. 本协议一式两份，甲、乙双方各持一份，具同等法律效力，自双方签字盖章之日起生效。

甲方盖章： 乙方签字：

法人代表签字：

日期： 年 月 日 日期： 年 月 日

股权激励协议书

（适用于非上市公司的限制性股权激励）

甲方	乙方
名称：深圳市××××有限公司	姓名：×××
法人：×××	身份证号码：
地址：深圳市××工业区××栋	身份证地址：××省××市××路
电话：0755-××××××××	现住址：深圳市××区××路××号
传真：0755-××××××××	联系电话：××××××××××

根据《中华人民共和国劳动合同法》和《深圳市××有限公司股权激励管理制度》的有关规定，本着自愿、公平、平等互利、诚实守信的原则，甲、乙双方就以下有关事项达成如下协议。

1. 本协议书的前提条件。

（1）乙方在2015年12月31日前的职位为甲方公司总经理。

（2）在2016年1月1日至2018年12月31日期间，乙方的职位为甲方公司总经理。若不能同时满足以上两个条款，则本协议失效。

2. 限制性股份的考核与授予。

（1）由甲方的薪酬委员会按照《深圳市××有限公司××××年度股权激励管理制度》中的要求对乙方进行考核，并根据考核结果授予乙方相应的限制性股份数量。

（2）如果乙方考核合格，甲方在考核结束后30天内发出《限制性股份确认通知书》。

（3）乙方在接到《限制性股份确认通知书》后的30天内，按照《限制性股份确认通知书》的规定支付定金。逾期不支付，视为乙方放弃《限制性股份确认通知书》中通知的限制性股份。

3. 限制性股份的权利与限制。

（1）本协议的限制性股份的锁定期为5年，期间为2019年1月1日至2023年12月31日。

（2）乙方持有的限制性股份在锁定期间享有与注册股相同的分红权益。

（3）乙方持有的限制性股份在锁定期间不得转让、出售、交换、记账、质押或用其偿还债务。

（4）当甲方发生送红股、转增股份、配股和向新老股东增发新股等影响甲方股本的行为时，乙方所持有的限制股根据《深圳市××有限公司股权激励管理制度》进行相应调整。

（5）若在锁定期内甲方上市，甲方将提前通知乙方行权，将乙方的限制性股份转为公司注册股。行权价格以《限制性股份确认通知书》中的规定或董事会规定为准。

4.本协议书的终止。

（1）在本协议有效期内，若乙方出现下列情形（包括但不限于），则自情况核实之日起即丧失激励资格与考核资格、取消剩余分红，情节严重的，甲方依法追究其赔偿责任并有权给予其行政处分。行政处分包括但不限于停止参与甲方的一切激励计划、取消职位资格甚至除名。构成犯罪的，移送司法机关追究刑事责任。

①因不能胜任工作岗位、违背职业道德、失职渎职等行为严重损害甲方利益或声誉而导致的降职。

②甲方有足够的证据证明乙方在任职期间，由于受贿索贿、贪污盗窃、泄露甲方经营和技术秘密、损害公司声誉等行为，给甲方造成了损失。

③开设与甲方业务相同或相近的公司。

④自行离职或被甲方辞退。

⑤伤残、丧失行为能力或者死亡。

⑥违反公司章程、公司管理制度、保密制度等。

⑦违反国家法律法规并被刑事处罚。

（2）在限制性股份锁定期间，乙方无论何种原因离开公司，甲方将无条件收回乙方的限制性股份。

5.行权。

（1）本协议中的限制性股份的行权期为2024年1月15日至2024年1月31日。

（2）行权价格以《限制性股份确认通知书》中的规定为准。

（3）行权权利选择。

①乙方若不想长期持有，甲方可以回购其股份，价格根据现净资产的比例支

付或协商谈判。

②若乙方希望长期持有，则甲方为其注册。乙方成为甲方的正式股东，享有股东的一切权利。

6. 退出机制。

（1）在甲方上市及风投进入前，若乙方退股，则：若甲方亏损，乙方须按比例弥补亏损部分；若甲方盈利，甲方按原价收回乙方股份。

（2）若风投进入公司后，乙方退股，则甲方按原价的150%收回乙方股份。

（3）若甲方上市后乙方退股，则由乙方进入股市进行交易。

7. 其他事项。

（1）甲、乙双方根据相关税务法律的有关规定承担与本协议相关的纳税义务。

（2）本协议是甲方内部管理行为。甲、乙双方签订协议并不意味着乙方同时获得甲方对其持续聘用的任何承诺。乙方与甲方的劳动关系，依照《中华人民共和国劳动法》及与甲方签订的劳动合同办理。

（3）乙方未经甲方许可，不能擅自将本协议的有关内容透露给其他人员。如有该情形发生，甲方有权废止本协议并收回所授予的股份。

8. 争议与法律纠纷的处理。

（1）甲、乙双方发生争议时。

《深圳市××有限公司股权激励管理制度》已涉及的内容，按《深圳市××有限公司股权激励管理制度》及相关规章制度的有关规定解决。

《深圳市××有限公司股权激励管理制度》未涉及的部分，按照甲方的《股权激励计划》及相关规章制度解决。

公司制度未涉及的部分，按照相关法律和公平合理原则解决。

（2）若乙方违反《深圳市××有限公司股权激励管理制度》的有关约定、违反甲方关于激励计划中的规章制度或者国家法律政策，甲方有权视具体情况通知乙方，终止与乙方的激励协议，而无须承担任何责任。乙方在协议书规定的有效期内的任何时候，均可通知甲方终止股权协议，但不得附任何条件。若因此给甲方造成损失，乙方应承担赔偿损失的责任。

（3）甲、乙双方因履行本协议或与本协议有关的其他协议时，所产生的所有纠纷应首先以友好协商方式解决，如双方无法通过协商解决，则任何一方可将争议提交甲方所在地的人民法院解决。

9. 本协议一式两份，双方各执一份，两份具有同等法律效力，自双方签字盖章之日起生效。

甲方盖章：   乙方签字：

法人代表签字：

日期：　年　月　日   日期：　年　月　日

定规则：确定股东的退出机制

对于股权激励，我们提倡"进入有条件，退出有机制"。通俗地说，就是要制定好进入和退出的规则。"没有规矩，不成方圆"，因为享受股权激励不是一劳永逸的福利，不论是在职股东还是注册股东，都有被终止激励的可能。所以，进行股权激励之前，要设定一系列的考核条件和退出的"电网"。达到考核条件的可以进入，触犯公司"电网"的则要退出。

事实上，即便是注册股东，也有很多方面需要提前考虑。例如，股份的转让需要提前设定好转让的规则。又如，几年后注册股东要离开公司，也需要提前设定离开的办法。再如，注册股东有可能出现死亡等意外情况，在这种情况下如何处理股份，也一定要在进行股权激励之前就设定好。

◎ **股权转让**

成为股东之后，股东彼此间的股权转让，在有限责任公司的体制下很简单，但在股份有限公司中就稍微复杂一些。一般而言，按照《公司法》的相关规定来执行即可。

《公司法》对于股份转让是这样规定的：股东之间可以相互转让其全部或部分股权。股东向股东以外的人转让股权，应当经其他股东过半数同意。股东应就其股权转让事项书面通知其他股东并征求同意，其他股东自接到书面通知之日起满三十日未答复的，视为同意转让。其他股东半数以上不同意转让的，不同意的股东应当购买转让的股权；不购买的，视为同意转让。经股东同意转让的股权，在同等条件下，其他股东有优先购买权。两个以上的股东主张行使优先购买权的，协商确定各自的购买比例；协商不成的，按照转让时各自的出资比例行使优先购买权。

也就是说，股东之间是可以相互转让全部或部分股份的。另外，股东不仅可以向内部转让股份，还可以向外部转让股份。但是向外部转让股份是有前提的，需要先通过书面的方式让内部人知道。如果没有书面通知，股份转让就是非法的、无效的。假设有风投想要入股，那么企业在把股份给风投之前，要给所有的内部股东发意见征询函。如企业计划增发股份 1 000 万股，要先询问是否有人需要，如果有人需要，则可以优先购买。但是一般来说，企业内部股东是会放弃的，因为引进风投时，内部人员没必要"搅局"。

◎ **股东退股**

有下列情形之一的，对股东会该项决议投反对票的股东，可以请求公司按照合理的价格收购其股权。

情形 1：公司连续 5 年不向股东分配利润，而公司连续 5 年盈利，并且符合《公司法》规定的分配利润条件。也就是说，公司年年（连续 5 年及以上）赚钱，但就是不给股东分红。小股东有权向人民法院提起诉讼，要求退股，而且公司必须以合理的价格回购其股份。

情形 2：公司合并、分立、转让主要财产。例如，关联交易，公司把利润都转走了，或者与其他公司合并，小股东觉得继续持有股份没有意义了，就可以提出退股。

情形 3：公司章程规定的营业期限届满或者章程规定的其他解散事由出现，股东会决议修改章程使公司存续。例如，公司章程规定的营业期 10 年已满，有些股东想退隐，也可以提出退股请求。

◎ **股东离开**

在何种情况下，股东离开企业，但作为注册股东，依然可以享有股东的所有权益呢？按照相关规定，如果该股东没有以下作为，就可以继续享受股东的权益。

（1）在竞争对手的公司做兼职。即使是作为同行企业的顾问也不可以。

（2）成立与本公司有竞争关系的公司。

（3）引诱公司员工离职。

（4）引诱公司客户脱离。

（5）违反公司的保密制度、公司章程等。

离开公司以后，还是公司的股东，受公司尊重，但前提是不能做公司禁止做的事情。否则，公司有权将全部股份收回。

◎ 股东死亡

企业股东不幸离世，企业该如何处置他的股份？具体做法有以下两种。

一、子承父业

子承父业，即法定或者遗嘱继承人可以享受去世股东的股份收益。例如，某股东有一亿元的股份，他去世后，按照现行法律的规定，他的妻子首先拿走5 000万元，剩下的由妻子和两个孩子平分，每个人大约分到1 667万元。鉴于此，每个股东都要在章程或者协议中写清楚，假如自己哪一天不幸离世，股份留给谁、留多少……以免后患。

还有一种情形需要注意。例如，某公司打算上市，可是某股东却不辞而别了，没有他的签字公司就不能上市。因此，类似事项也要在章程或者协议中写清楚：假如出现上述类似情况，该股东多长时间不露面，他的股份就自动归谁所有，无条件或一元钱转让给他人，由他人行使股份权利。还要写明，哪几个股东在一定期限内是不能离开企业的。假如有人离开公司，其持有的股份由公司创始人以特定的价格强制回购。

二、"舍生取义"

"舍生取义"，即股份回流、股份捐赠、股份逐年递减等，牺牲小我利益，成就大我价值。如果企业的股东都能做到这些，那么这个企业定能生生不息，持久发展。这或许就是企业进行股权激励的最高境界了。

情况1：股份回流。

股东离世当年，其股份由公司以净资产每股收益价的100%回购，支付给其继承人。回购的股份要在未来3~5年之内，用以激励公司的核心高管或者对公司有重大贡献的人。

需要提醒企业家的是，很多企业家的子女不太喜欢参与或者接班父母经营的事业，假如将公司的股份留给他们，不仅是害了他们，也是害了企业。其实，父母真正可以留给子女的不是钱，而是能够创造财富的智慧。企业家要注重培养子女的健全人格。切记，不要把企业股份百分之百留给子女，如果他们有经营企业的能力和兴趣,完全可以通过内部股权激励的方式获得股份。

王安曾经在美国开电脑公司,名为"王安电脑"。当时这家公司很出名,最"牛"的时候逼近比尔·盖茨的微软。后来面临企业传承的问题,王安说要把他的股份传给儿子,结果股东中的西方人不乐意了,说:"你的儿子凭什么拿这么多股份?你有能力,有格局,有战略思维,也有技术,我们愿意追随你,但我们不愿意跟你的儿子干。"按照西方人的观点,孩子只要年满18周岁就必须自立。因为这种价值观上的严重冲突,导致职业经理人和老板对立,后来公司高管全部离职。如果当年"王安电脑"采用股份回流的方式,也许今天会超过微软。

情况2:股份捐赠。

股东可以做出决定,离世后将个人股份的45%~55%(比例不限,由股东自己决定)捐给国家或者公司,就像交"企业遗产税"一样;剩余部分则可以由其继承人继承。捐给国家可以用作公益或福利事业,捐给公司则可以用来激励对公司有价值、有贡献的人。这既是一种境界,也是一种精神。

情况3:股份逐年递减。

假设该股东拥有公司10%的股份,在公司工作了20年,那么他在公司享有的股份就按照20年平均每年减少0.5%的比例递减,20年减完。假设该股东只在公司工作了10年,那么股份就按照10年平均递减,每年减少1%,用10年的时间减完。换句话说,股东在公司工作的时间越长,他的股份继承人享受股权收益的时间就越长,回报就越大。

在这个问题上,有以下两点需要注意。

(1)无论采用哪种方式丧失股东权益及利益,所有的股东都必须接受,包括现任老板在内。例如,公司规定,不管谁离开公司,都要把股份的45%~55%拿出来捐给公司,这并不是针对股权激励对象,而是所有的股东都要执行,这对老板是有挑战性的。

(2)凡是涉及股权的激励方案,都需要经过股东大会2/3的表决权通过方为有效。老板不能说"我是大股东,我要搞股权激励",这样是不合法的。凡是涉及股东权益,拿股东的钱来分红,都要经过股东的表决通过。即使老板自己的股份就占到了2/3以上,从法理上和对他人的尊重上讲,也应该与其他股东沟通。

第 3 章

八仙过海，各显神通——股权激励落地八法

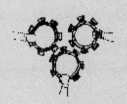

针对非业务团队的股权激励机制——中西合璧法

针对核心高管的激励机制——超额利润激励法

针对核心高管的激励机制——在职分红激励法

针对核心高管的激励机制——"135 渐进式"激励法

针对业务团队的激励机制——"五步连环"激励法

针对"明日黄花"的激励机制——"金色降落伞"激励法

针对"未来之星"的激励机制——精神内核激励法

针对企业上下游的激励机制——七步激励法

👉 针对非业务团队的股权激励机制——中西合璧法

假设一家公司要拿出20万股股票给7个岗位做在职分红，那么参与对象有哪些人，该如何分？假设公司准备拿出年利润的10%作为下一年度的年终奖励，那么参与对象又有哪些人，该如何分？假设公司在2018年年底制订2019年的奖励计划，又该怎么分？再如，20万股股票中应该分给研发总监6万股还是9万股？这就涉及预售额度的问题。没有预售，就没有办法考核。只有确定预售的标准，考核时才能明确逻辑关系。

我们知道，并非所有的岗位都可以直接用销售业绩来衡量绩效。销售部可以用销售业绩来衡量绩效，那其他部门呢？不同部门之间怎样比较？比如销售部经理与研发部经理的绩效如何比较？研发部的绩效可能还好衡量，因为有的企业的研发部绩效是与其所研发的产品的销量或利润挂钩的，但是人力资源部经理和销售部经理的绩效如何比较就成了一个难题。因此，不同部门之间绩效的横向比较很困难，一些性质不同的职务难以用统一的标准来衡量。从管理学角度来讲，如果不能把绩效考核量化，就很难实施考核。从某种程度上来说，股权激励是一种对绩效比较好的员工的赞许形式。

但是需要注意，考核的标准往往比较多，有很多标准不能量化，于是有些人认为不能定量时就定性。实际上，定性的考核最容易导致企业内部出现争议。考核时要注重本质，应该抓大放小，考核几个关键指标即可，而且相互有关联的指标只取一个就好。例如，一个岗位的考核指标有五项，其实有三项关注的都是同一个内容，而且第一项、第二项与第三项指标是同一种必然的结果，属于因果关联的关系，那就无须设定三项指标，有一项指标就可以了。

另外，考核如果太过笼统，缺少细化和量化的指标，也是很致命的。西方管理界对这个问题就有很好的解决方法。这里我们中西合璧，针对非业务团队提出一种股权激励方案。此方案将东方的管理智慧和西方的管理科学进行了系统的组合，极大地平衡了非业务团队"不患寡而患不均"的心理，解决了非业务团队无法进行有效股权激励的大难题，从而达到了公司与非业务团队形成利益共同体、事业共同体的激励目标。这种激励方案采用了西方"海氏评估法"这一工具。首先，我们要学习这种方法，然后，根据其结果和企业的实际情况来进行微调。

海氏评估法是美国的薪酬专家爱德华·海在20世纪50年代发明的评估工具，最初发明出来并不是为了解决股权激励的问题，而是拿来做薪酬评估的。例如，财务部、研发部、生产部这些不同部门的岗位，在招聘员工时如何设定岗位工资。这类问题困扰了很多企业。在第二次世界大战以前，美国工业发展非常迅速，为美国取得战争胜利打下了基础。那时美国的企业不断更新生产工艺，如发明标准工时、流水线生产、采用品质管理模式等，促进了美国工业的高度繁荣和快速发展。但是他们逐渐发现一个问题，就是硬件和工艺上的问题用流程和制度能够很好地解决，但是软件（如薪酬体系、考核体系等）却很难设定。于是，美国的薪酬专家爱德华·海先生便凭借卓越的学术精神不断研发，终于发明了海氏评估法。经过几十年的不断完善，今天的海氏评估法已经成为50%以上的世界500强企业普遍采用的岗位评估模式，也被证明是一个比较科学的评估工具。

中国企业该如何结合自己的实际情况，对海氏评估法进行微调并为己所用呢？10年前，海氏评估法在中国的民营企业中不太适用，因为很多企业还处于萌芽阶段，家族企业中一人多职、一人多岗的情况非常普遍。如今，随着企业的不断规范化，企业慢慢走向专职、专人、专岗，也就有条件实施海氏评估法了。

图3-1所示为海氏评估法的一个指导图。图中分为两个部分，左边是关于岗位的评估系统，右边是根据岗位的职位形态对该岗位的评价因素进行权重分配。左边有三个基本层面，包括知识水平和技能技巧、解决问题的能力、承担职务的责任。海氏评估体系中，对于某个岗位的价值和对应的能力要求，主要是从这三个维度进行评估的，对岗不对人，且不要用现在的眼光看待，认为岗位现在是什么样的就怎样评估；一定要基于未来的、发展的眼光来看待这个岗位对于企业的价值，以及企业对于这个岗位的要求。

海氏评估法的专家认为，一个岗位就像制造型企业来料加工的生产流程一样，有投入，有过程，有产出。首先，必须具备原材料，即一定的知识水平和技能技巧。其次，需要通过做一些事情来为公司解决问题，这就是过程模式，也是生产加工模式。最后，解决问题之后的结果，说明你承担了这个职务的责任，这就是产出。

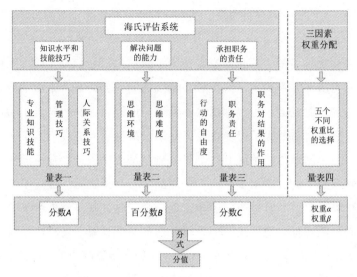

图 3-1 海氏评估系统

◎ 知识水平和技能技巧

对于知识水平和技能技巧,中国式管理的解释比较模糊、笼统,但是西方管理不是这样,西方人习惯把任何一个观点、体系、想法都不断分解,直至分解成具体的数字。海氏评估法非常科学和严谨,把每一个岗位都用数字来呈现,如这个岗位 5 623 分、那个岗位 3 292 分。管理没有绝对的对与错,只有适合与不适合,别人用得好的方法在你的企业未必就好用。例如,两家相同规模的公司,起步差不多,资产差不多,商业模式一样,产品差不多,但是导入股权激励后,效果却完全不一样。因为员工的构成不同,人文背景不同,每个员工的需求点不同,老板的人格魅力也不同。中西方管理各有优势,介绍西方的管理思想,并不意味着盲目崇拜西方,而是要"择其善者而从之"。我们要善于学习海氏评估法的思维模式,加深对管理的认识,这对企业家的管理能力是一种提升。

知识水平和技能技巧又可以分为三个维度:专业的知识技能、管理的技巧、沟通协调的能力(即处理人际关系的技巧)。

一、专业的知识技能

专业的知识技能(见图 3-2),即要使工作绩效达到可接受水平,员工所需的专业知识及相应的实际应用技能的总和。分为 A、B、C、D、E、F、G、H 这 8 个级别。

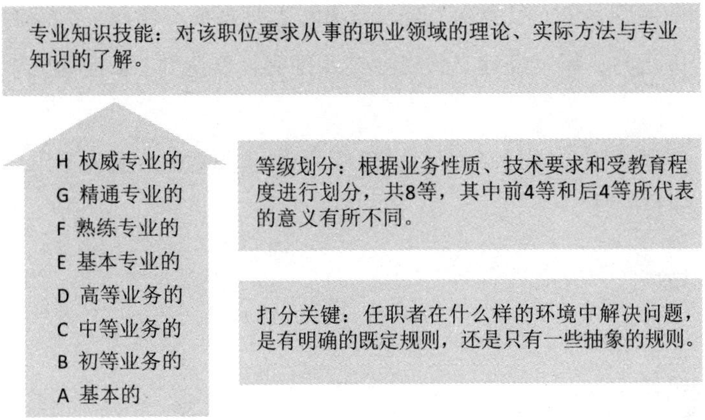

```
专业知识技能：对该职位要求从事的职业领域的理论、实际方法与专业
知识的了解。

H 权威专业的
G 精通专业的      等级划分：根据业务性质、技术要求和受教育程
F 熟练专业的      度进行划分，共8等，其中前4等和后4等所代表
E 基本专业的      的意义有所不同。
D 高等业务的
C 中等业务的      打分关键：任职者在什么样的环境中解决问题，
B 初等业务的      是有明确的既定规则，还是只有一些抽象的规则。
A 基本的
```

图3-2 专业知识技能

A级是基本的业务水平。熟悉简单的工作程序，达到基本的工作要求。例如，复印机的操作人员，每天做的事情就是把文件复印一下发送到相关部门，这类工作就属于基本业务水平。级别越高，对知识技能的要求就越高。通常来说，对技术类、研发类的岗位（如会计、工程师、人力资源顾问等），必须从E级开始评分，而不需要进行业务水平评分。人力资源经理、财务总监、公司顾问等，熟悉专门的技术，属于F级。工程院、科学院、社会科学院中的专家，国家标准化管理委员会在某个领域的技术专家，ISO（International Organization for Standardization，国际标准化组织）认证的某领域专家，都是某领域或某学科中的权威专家，属于H级。

进行岗位评估时，一定要量体裁衣，因为这是没有标准答案的，好比一千个读者眼里就有一千个哈姆雷特。例如，一个操作工的级别，关键看他操作什么样的设备。如果是宇宙飞船"神舟十号"发射点火岗位的操作工，即使只是按下按钮点火这样一个简单的操作，那他的级别也不是A级了。要有资格去按这个按钮，必须掌握专业知识，要有多少道临机的反应措施，要掌握多少道程序和设备的指令，以及对这个专业领域的了解程度必须要达到精通。在一般的企业中，操作工可能就是最基本的流水线的装配工，这属于A级；而有些企业的操作工是操作大型设备的，这种大型设备一台价值几亿元甚至十几亿元，它的操作工可能要在国外的设备厂家严格培训半年才能操作，这就属于B级甚至更高级别了。

对于同一个岗位，不同评分级别的界限很模糊。如何评级与公司的商业模式、定位等有很大的关系，因此没有标准答案，只能根据企业的实际情况来看，没有办法严格量化。例如，在甲公司，研发工程师的级别是G，因为研发决定了公司未来的走向，非常重要，研发人员在专业技术方面必须非常精通。而在乙公司，研发工程师的级别是F，因为这个公司是做机械设备的，在研发方面有研发经理和研发工程师之分，研发经理掌握专业技术的程度要达到G，而研发工程师达到F就足够了。

因此，对某个岗位进行评级时，打分不同是很正常的。我们不求结果统一，只求思维逻辑统一。

二、管理的技巧

管理技巧（见图3-3）通常是指企业运营中涉及的协调技巧，以及在各种环境下处理问题的技巧。

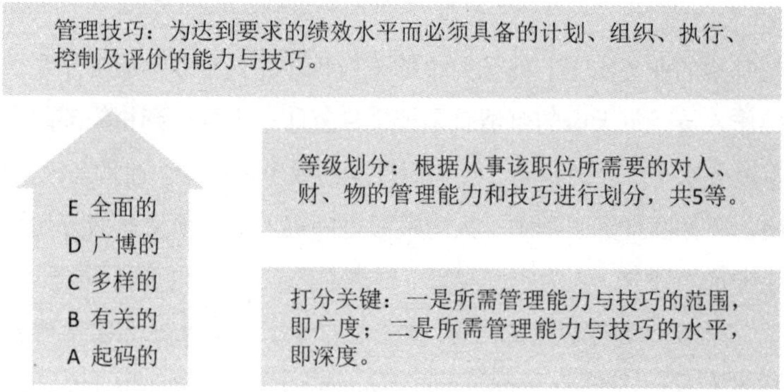

```
E 全面的
D 广博的
C 多样的
B 有关的
A 起码的
```

管理技巧：为达到要求的绩效水平而必须具备的计划、组织、执行、控制及评价的能力与技巧。

等级划分：根据从事该职位所需要的对人、财、物的管理能力和技巧进行划分，共5等。

打分关键：一是所需管理能力与技巧的范围，即广度；二是所需管理能力与技巧的水平，即深度。

图3-3 管理的技巧

管理界有一个词汇是"PDCA"，即计划（Plan）、实施（Do）、检查（Check）和行动（Action）。实际上，管理者要掌握的就是计划能力、组织能力、执行能力、控制和反馈的能力，以及举一反三的能力。管理者的能力可以从两个维度来看，一是所需的管理能力和技巧的范围，即广度；二是所需的管理能力和技巧的水平，即深度。这里可以把它设为A（起码的）、B（有关的）、C（多样的）、D（广博的）、E（全面的）5个级别，然后根据职位的需要，去衡量一个人管理能力的广度和深度。

例如，一个事业部的经理或负责"打头阵"的副总，属于C级别，要决定一个大部门的方向，对这个部门有决定性影响，同时对整个组织也是有影响的。E级别一般适用于大中型企业的总裁、CEO或类似总经理的职务；规模稍小的企业，"广博"就可以，不需要"全面"。

那么财务部经理呢？中国的大部分民营企业的财务部经理只负责记账，实现最基本的会计职能。而大型公司涉及全面预算，财务经理要协助总经理做财务规划和战略规划，这样的财务部经理就类似财务总监，能力很强，至少属于 D 级。中国民营企业的老板，80% 以上是做营销出身的，这就导致中国的民营企业具有两个特点：一是野蛮生长的能力特别强，即逢山开路、遇水搭桥的能力很强，不管环境多么恶劣，都能茁壮成长；二是管理能力不足，因为做销售讲究的是跳跃性思维、观点性思维，而逻辑性思维相对来说差一些。随着企业不断发展，管理方面的问题会越来越多，因为企业的性格就是老板的性格，老板的能力决定了企业的能力。除非老板很超脱，真的能放下自己，才能使每个岗位都能找到合适的人，当然，股权激励也能解决这个问题。

相较而言，在国外的世界 500 强企业中，至少有 40% 的 CEO 是从 CFO（首席财务官）晋升上来的。这在中国的企业来看是不可思议的。因为在国外的很多大中型企业中，首席财务官要懂的东西很多，要做的事情都是全面性、规划性的。苹果公司原总裁乔布斯逝世以后，他的接班人蒂姆·库克原来是负责物流与供应链的高级副总裁，最后却做了苹果公司的首席执行官。为什么苹果公司没有从销售系统提拔一位销售总裁来做首席执行官呢？因为对于这种大型企业来讲，其管控和后台支持比营销更为重要。

因此，在不同情况下，企业的岗位要求也是有变化的。一般来讲，80% 的企业财务经理岗位的评级不是 B 级就是 C 级，能够达到 D 级的不多。不同的公司采用的标准是不同的，适合自己公司即可。

三、处理人际关系的技巧

在打分和划分等级时会发现，职位越低的人，管理技巧越"基础"，职位越高的人，管理技巧越"全面"。如果说管理技巧的高低与职位高低成正比，那么处理人际关系技巧的高低与职位高低就未必成正比了。

处理人际关系的技巧（见图 3-4）指的是沟通、协调与关系处理等方面的能力。评判标准有三项：A（基本的），如调度员、会计等；B（重要的），如订货员、维修协调员、人力资源助理等；C（关键的），如人力资源经理、大客户经理等。

处理人际关系的技巧与职位高低没有必然的联系。职务高，未必代表与其打交道的人多；职务低，未必代表与其打交道的人少。因此，处理人际关系的技巧主要是从该人与他人打交道的范围大小和频率高低来衡量。人力资源部经理在公司的岗位虽然并不是很高，但是与他人打交道的范围很广，需要与上司、下属、平级同事，以及公司的各个部门打交道。如果公司规模小，他基本上要与每个人打交道，所以，人力资源部经理在人际关系技巧中的评分是最高的。

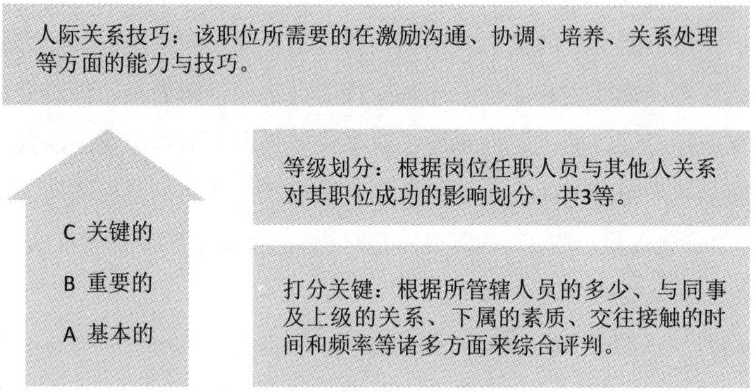

人际关系技巧：该职位所需要的在激励沟通、协调、培养、关系处理等方面的能力与技巧。

等级划分：根据岗位任职人员与其他人关系对其职位成功的影响划分，共3等。

打分关键：根据所管辖人员的多少、与同事及上级的关系、下属的素质、交往接触的时间和频率等诸多方面来综合评判。

C 关键的
B 重要的
A 基本的

图 3-4 处理人际关系的技巧

◎ 解决问题的能力

如果说前文中提到的都是"原材料"问题，那么下面就来进入"生产"阶段。这些岗位上的员工所需掌握的知识和技巧，是要能实实在在地解决问题的。解决问题的能力指的是在工作中发现问题、分析诊断问题、提出对策、权衡评估，以及做出决策的能力。这种能力对于管理人员来说非常重要。

解决问题的能力分为两个维度：思维的环境和思维的难度。

一、思维的环境

评分的关键是，遇到问题时，你是否可以向他人请教，或者从过去的案例中得到指导？思维的环境（见图3-5）可以分为 A（高度常规的）、B（常规的）、C（半常规的）、D（标准化的）、E（明确规定的）、F（广泛规定的）、G（一般规定的）、H（抽象规定的）8个级别。"高度常规的"是指有非常详细和精确的规定。打分的关键是看这个岗位的任职者是在什么样的环境中解决问题，是有明确规定的，还是规定越来越少的？

例如，公司的后勤主管，其思维环境一般是B级或C级。实际上，越成熟的企业规定得越详细，反之亦然。

而研发人员，每个企业的情况不同。如果是普通研发人员，大多属于F级，一般都有广泛规定的框架，框架不可能没有，也不可能太多，可以根据自己企业的情况判断。

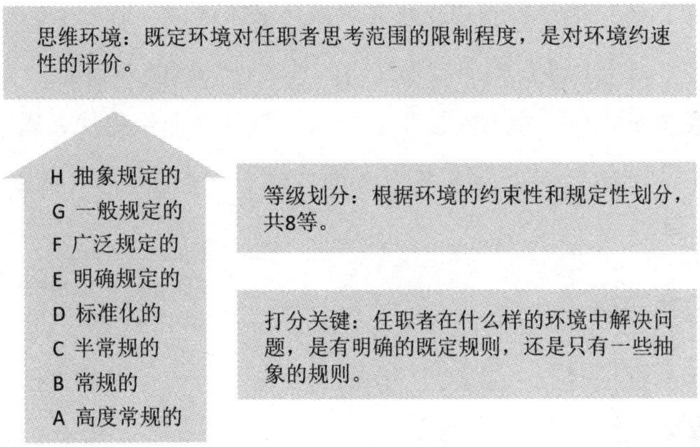

思维环境：既定环境对任职者思考范围的限制程度，是对环境约速性的评价。

H 抽象规定的
G 一般规定的
F 广泛规定的
E 明确规定的
D 标准化的
C 半常规的
B 常规的
A 高度常规的

等级划分：根据环境的约束性和规定性划分，共8等。

打分关键：任职者在什么样的环境中解决问题，是有明确的既定规则，还是只有一些抽象的规则。

图 3-5　思维的环境

二、思维的难度

思维的难度（见图3-6）包括A（重复性的）、B（模式化的）、C（中间型的）、D（适应性的）与E（无先例的）5个级别。思维的难度实际上指的是，在这个岗位上进行创造性思维所要突破的屏障。也就是说，在这个岗位上是否需要一些创造性和突破性的思维。

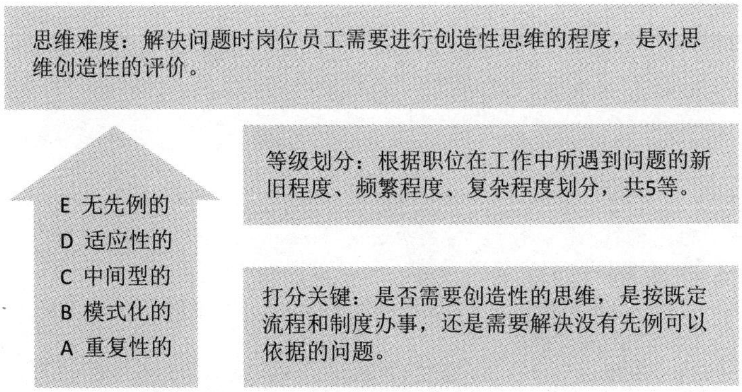

思维难度：解决问题时岗位员工需要进行创造性思维的程度，是对思维创造性的评价。

E 无先例的
D 适应性的
C 中间型的
B 模式化的
A 重复性的

等级划分：根据职位在工作中所遇到问题的新旧程度、频繁程度、复杂程度划分，共5等。

打分关键：是否需要创造性的思维，是按既定流程和制度办事，还是需要解决没有先例可以依据的问题。

图 3-6　思维的难度

"重复性的"是指需要对熟悉的事情做简单的选择；"模式化的"基本上有相似的情形，标准都比较成型了，只要做一个选择和鉴别就可以了；"中间型的"难度比较适中，需要稍加思考和判断；"适应性的"思维难度相对高一些，要求能力更加突出；难度最大的就是"没有先例的"。

例如，品质检验员属于A级、B级的比较多。品检很多，有来料检验、制程检验与出货检验等。如果是来料检验、出货检验，则只是从几个维度判断，基本上属于 B 级或 C 级。但是做制程检验或品质检验工作的，基本上就属于 D 级，难度稍微高一些，因为会涉及整个制程之间的关联性和判断性事务。

销售代表属于 C 级，也有的属于 D 级。一般的企业销售代表属于 C 级即可，但如果是做方案，销售代表的职位要求就是 D 级了。掌握的东西完全不一样，思维的难度也不一样。

◎ 职位承担的责任

职位承担的责任有三个维度：行动的自由度、职位承担的责任大小、职位对后果的影响程度。

一、行动的自由度

行动的自由度（见图 3-7）指的是该职位能在多大程度上受到他人工作性的指导和自我控制的程度，简言之，就是管理的自由度有多大。行动的自由度可以分为 A（有规定的）、B（受控制的）、C（标准化的）、D（一般性规范的）、E（有指导的）、F（方向性指导的）、G（广泛性指导的）、H（战略性指引的）、I（一般性无指引的）9 个等级。职务越高，行动的自由度越大，但有时自由是以承担责任为代价的。

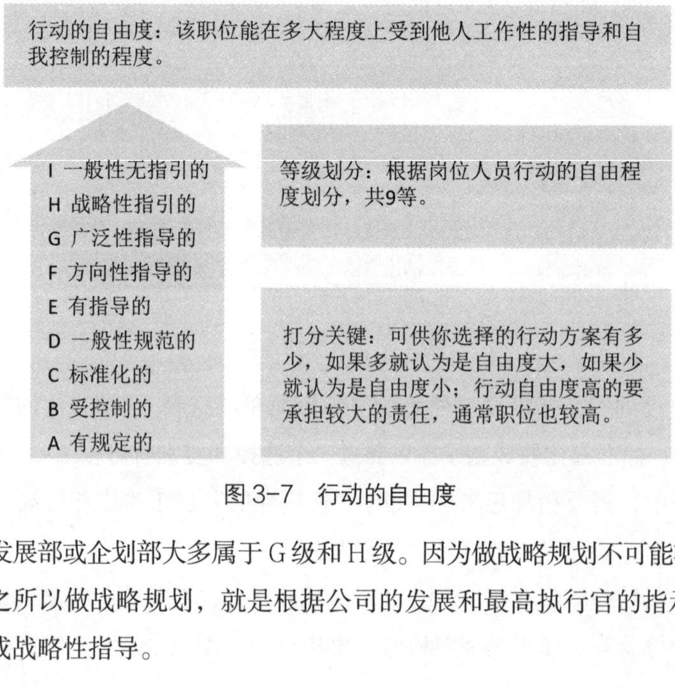

行动的自由度：该职位能在多大程度上受到他人工作性的指导和自我控制的程度。

I 一般性无指引的
H 战略性指引的
G 广泛性指导的
F 方向性指导的
E 有指导的
D 一般性规范的
C 标准化的
B 受控制的
A 有规定的

等级划分：根据岗位人员行动的自由程度划分，共9等。

打分关键：可供你选择的行动方案有多少，如果多就认为是自由度大，如果少就认为是自由度小；行动自由度高的要承担较大的责任，通常职位也较高。

图 3-7 行动的自由度

战略发展部或企划部大多属于 G 级和 H 级。因为做战略规划不可能有非常具体的方案，之所以做战略规划，就是根据公司的发展和最高执行官的指示，进行广泛性指导或战略性指导。

而薪酬专员多属于E级。一般而言，人力资源管理分为招聘、薪酬、培训、绩效、员工关系处理及人力资源规划等模块。有些企业在发展到一定规模时，人力资源部往往会把相关板块分成专项来管理，如设置专门的薪酬专员、考核专员、招聘专员等。有些大企业甚至要设置薪酬小组，小组大约有20人，每日忙于计算薪酬、设计薪酬方案等事宜。也有规模小的企业，人力资源部只有一个人，招聘专员、薪酬专员、绩效专员等都是同一个人。因此，同样是薪酬专员，每个企业的情况也是不同的。

二、职位承担的责任大小

职位承担的责任大小（见图3-8）通常指的是在做事的过程中，员工所在职位所产生的行动对最终后果可能造成的影响及承担的责任大小，而非指权限。

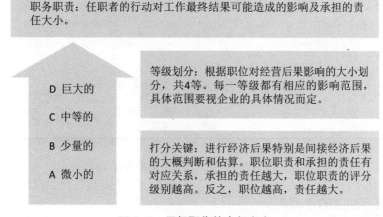

图3-8 承担职位的责任大小

企业中任职人员所承担的责任，是根据其一旦出现工作失误，会给企业造成损失的程度来决定的。一般来说，等级越高，责任就越大。为职位责任划分的等级为A（微小的）、B（少量的）、C（中等的）、D（巨大的）4个等级，实际上指的是经济后果。具体而言，微小的责任，出现失误时会带来不便；少量的责任，在出现失误时会给企业造成一定的损失；中等的责任，失误时会造成风险，或者是重大的损失；巨大的责任，就是出现的事故会带来巨大甚至毁灭性的影响。

仓库管理员一旦出现工作失误，会给其他部门的工作造成损失，但是不会有巨大的风险，因此属于A级或B级。生产部经理属于C级的情况比较多。一般而言，一旦出现工作失误，就会使成本陡增。当然，由于企业规模不同，生产部经理管理的人员数量、工作范围不同，每个企业的情况也不尽相同。

三、职位对后果的影响程度

职位对后果的影响程度（见图3-9）分为A（微小的）、B（次要的）、C（重要的）、D（主要的）4个级别。简单来说，就是当公司出现问题时，这个岗位的任职人员是否容易推卸责任，越不能推卸责任的，越是主要的职位。

一般情况下，文员、门卫等后勤人员属于A级；人力资源部经理、工程师属于B级；总监、副总裁等较为重要的职位属于D级；介于B级和D级之间的，则属于C级。对于行政助理，没有统一答案，因为不同公司的行政助理，其工作内容相差很大。

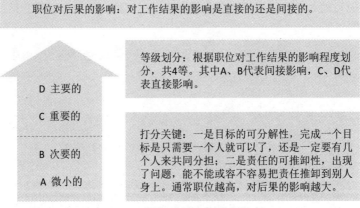

图3-9　职位对后果的影响程度

◎ 海氏评估法的中国化

有些职位所承担的责任，比其所拥有的技能乃至解决问题的能力更重要，此职位的形态为"上三型"；有些职位掌握的技能、知识、业务水平及解决问题的能力，与其承担的责任是一样大的，此职位的形态为"平路型"；有些职位所承担的责任比其所掌握的专业知识要小很多，此形态为"下三型"。一般来说，总经理的责任比能力更重要，因此属于"上三型"；普通的技术人员（如财务专员、成本会计、薪酬专员等）的能力比责任更重要，因此属于"下三型"；财务部经理的专业水平与承担责任的重要性基本相当，因此属于"平路型"。

职业形态是海氏评估法非常重要的思想基础。根据职业形态的不同，所需的知识、技巧和解决问题的能力也不同，再加上对应职务、职能的对比和权重分配，就构成了分数的应用，如表3-1至表3-3所示。分数对应结果，还会有一个岗位因素的权重分配，职业形态是权重分配的基础。

表 3-1 技能水平的分析

专业知识技能		人际关系技巧														
		起码的			有关的			管理的技巧 多样的			广博的			全面的		
		基本的	重要的	关键的	基本的	重要的	关键的	基本的	重要的	关键的	基本的	重要的	关键的	基本的	重要的	关键的
基本的	基本的	50	57	66	66	76	87	87	100	115	115	132	152	152	175	200
	重要的	57	66	76	76	87	100	100	115	132	132	152	175	175	200	230
	关键的	66	76	87	87	100	115	115	132	152	152	175	200	200	230	264
初等业务的	基本的	66	76	87	87	100	115	115	132	152	152	175	200	200	230	264
	重要的	76	87	100	100	115	132	132	152	175	175	200	230	230	264	304
	关键的	87	100	115	115	132	152	152	175	200	200	230	264	264	304	350
中等业务的	基本的	87	100	115	115	132	152	152	175	200	200	230	264	264	304	350
	重要的	100	115	132	132	152	175	175	200	230	230	264	304	304	350	400
	关键的	115	132	152	152	175	200	200	230	264	264	304	350	350	400	460
高等业务的	基本的	115	132	152	152	175	200	200	230	264	264	304	350	350	400	460
	重要的	132	152	175	175	200	230	230	264	304	304	350	400	400	460	528
	关键的	152	175	200	200	230	264	264	304	350	350	400	460	460	528	608
基本专业的	基本的	152	175	200	200	230	264	264	304	350	350	400	460	460	528	608
	重要的	175	200	230	230	264	304	304	350	400	400	460	528	528	608	700
	关键的	200	230	264	264	304	350	350	400	460	460	528	608	608	700	800
熟练专业的	基本的	200	230	264	264	304	350	350	400	460	460	528	608	608	700	800
	重要的	230	264	304	304	350	400	400	460	528	528	608	700	700	800	920
	关键的	264	304	350	350	400	460	460	528	608	608	700	800	800	920	1056
精通专业的	基本的	264	304	350	350	400	460	460	528	608	608	700	800	800	920	1056
	重要的	304	350	400	400	460	528	528	608	700	700	800	920	920	1056	1216
	关键的	350	400	460	460	528	608	608	700	800	800	920	1056	1056	1216	1400
权威专业的	基本的	350	400	460	460	528	608	608	700	800	800	920	1056	1056	1216	1400
	重要的	400	460	528	528	608	700	700	800	920	920	1056	1216	1216	1400	1600
	关键的	460	528	608	608	700	800	800	920	1056	1056	1216	1400	1400	1600	1840

表 3-2 承担的职务责任分析

行动的自由度	职务对后果形成的作用	微小的 间接 后勤	微小的 间接 辅助	微小的 直接 分摊	微小的 直接 主要	少量的 间接 后勤	少量的 间接 辅助	少量的 直接 分摊	少量的 直接 主要	中等的 间接 后勤	中等的 间接 辅助	中等的 直接 分摊	中等的 直接 主要	巨大的 间接 后勤	巨大的 间接 辅助	巨大的 直接 分摊	巨大的 直接 主要
	有规定的	10	14	19	25	14	19	25	33	19	25	33	43	25	33	43	57
		12	16	22	29	16	22	29	38	22	29	38	50	29	38	50	66
		14	19	25	33	19	25	33	43	25	33	43	57	33	43	57	76
	受控制的	16	22	29	38	22	29	38	50	29	38	50	66	38	50	66	87
		19	25	33	43	25	33	43	57	33	43	57	76	43	57	76	100
		22	29	38	50	29	38	50	66	38	50	66	87	50	66	87	115
	标准化的	25	33	43	57	33	43	57	76	43	57	76	100	57	76	100	132
		29	38	50	66	38	50	66	87	50	66	87	115	66	87	115	152
		33	43	57	76	43	57	76	100	57	76	100	132	76	100	132	175
	一般性规范的	38	50	66	87	50	66	87	115	66	87	115	152	87	115	152	200
		43	57	76	100	57	76	100	132	76	100	132	175	100	132	175	230
		50	66	87	115	66	87	115	152	87	115	152	200	115	152	200	264

续表

职务责任	职务对后果形成的作用	微小的				少量的				中等的				巨大的			
		间接		直接		间接		直接		间接		直接		间接		直接	
		后勤	辅助	分摊	主要	后勤	辅助	分摊	主要	后勤	辅助	分摊	主要	后勤	辅助	分摊	主要
有指导的		57	76	100	132	76	100	132	175	100	132	175	230	132	175	230	304
		66	87	115	152	87	115	152	200	115	152	200	264	152	200	264	350
		76	100	132	175	100	132	175	230	132	175	230	304	175	230	304	400
方向性指导的		87	115	152	200	115	152	200	264	152	200	264	350	200	264	350	460
		100	132	175	230	132	175	230	304	175	230	304	400	230	304	400	528
		115	152	200	264	152	200	264	350	200	264	350	460	264	350	460	608
广泛性指导的		132	175	230	304	175	230	304	400	230	304	400	528	304	400	528	700
		152	200	264	350	200	264	350	460	264	350	460	608	350	460	608	800
		175	230	304	400	230	304	400	528	304	400	528	700	400	528	700	920
战略性指引的		200	264	350	460	264	350	460	608	350	460	608	800	460	608	800	1056
		230	304	400	528	304	400	528	700	400	528	700	920	528	700	920	1216
		264	350	460	608	350	460	608	800	460	608	800	1056	608	800	1056	1400
一般性无指引的		304	400	528	700	400	528	700	920	528	700	920	1216	700	920	1216	1600
		350	460	608	800	460	608	800	1056	608	800	1056	1400	800	1056	1400	1840
		400	528	700	920	528	700	920	1216	700	920	1216	1600	920	1216	1600	2112

表 3-3　分析解决问题的能力

思维环境\思维难度	重复性的		模式化的		中间型的		适应性的		无先例的	
高度常规的	10%	12%	14%	16%	19%	22%	25%	29%	33%	8%
常规的	12%	14%	16%	19%	22%	25%	29%	33%	38%	3%
半常规的	14%	16%	19%	22%	25%	29%	33%	38%	43%	50%
标准化的	16%	19%	22%	25%	29%	33%	38%	43%	50%	57%
明确的规定	19%	22%	25%	29%	33%	38%	43%	50%	57%	66%
广泛规定的	22%	25%	29%	33%	38%	43%	50%	57%	66%	76%
一般规定的	25%	29%	33%	38%	43%	50%	57%	66%	76%	87%
抽象规定的	29%	33%	38%	43%	50%	57%	66%	76%	87%	100%

在实际应用的时候，通过对岗位思维环境和思维难度的评级，会对应到表 3-3 中的某一个单元格，然后就得出了海氏评估法的分数 B，分数 B 最大不超过单元格的最大值，最小不低于单元格的最小值。

以研发部经理为例来说明这个问题。研发部经理的知识水平和解决问题的能力，与他所承担的职务责任，比例大约为 7∶3，这个数值怎样应用？假如经过海氏评估法的测算，他的知识水平和解决问题的能力得分为 $A=1\,056$（分），解决问题的能力占比为 $B=87\%$，承担职务的责任得分为 $C=1\,056$（分），权重 α 为 60%，权重 β 为 40%。将这些数值套入公式 $\alpha \times A \times (1+B) + \beta \times C$，即 $60\% \times 1\,056 \times (1+87\%) + 40\% \times 1\,056 \approx 1\,607$，综合得分为 1 607 分。那么 1 607 分就是这个岗位的分值——根据上述 3 个维度和 8 个子维度，再加上职业形态与评估出的两个百分比，就计算出了研发部经理这一岗位的具体分值为 1 607 分。

如上所示，对于公司中的每个岗位，我们成立一个由多人组成的评估小组分别来做评估，对于得到的一组分值，可以做加成平均，最后得出每个岗位的分数。例如，研发部的岗位得分是 1 364 分，假设公司拿出 20 万股股份作为第二年的预售分红，那么，可以用研发部的岗位得分 1 364 分除以所有根据海氏评估法评估出来的岗位分数总和（假设共 7 个岗位，评估出来的岗位分数总和为 9 925），然后再乘以 20 万股，就等于研发部门第二年的预售分红股数，即 27 486 股。假设公司拿出 20 万元奖金来分配，那么研发部的预售奖金为 27 486 元。

有人会问，这些得分是怎样得来的？当然是评分得来的，但并非是一次性得到的，要按照流程操作，不仅要成立评估小组，而且要多次评估。

首先，企业必须要有详尽的岗位描述，这是评估工作的基础。之所以如此，是为了让评估小组清楚地了解：这个岗位是做什么的，如何评估其知识水平和技能技巧，如何评估其解决问题的能力，如何评估其承担的职务责任。总之，一个企业如果连岗位描述都不清楚，那么它的管理是存在问题的，激励也不会做到位，甚至会适得其反。岗位描述清晰，评估才有清晰的标准。很多企业"不做不知道，一做吓一跳"。做好岗位描述之后才发现，很多员工在做着与岗位职责有偏差的事情，有些人总是做些没有"营养"的事情。何为没有"营养"的事情？通俗来说，就是这个岗位该做的事情没有努力做，不该做的事情做得多。如果是这样，企业管理就会混乱不堪。

其次，要组建专家团。如何组建专家团？有以下几个基本原则。第一，评价哪个岗位，就让哪个岗位的负责人参与进来，最好由现有岗位的对应人员作为专家。也就是说，既评估自己的岗位，也评估其他岗位。第二，老板也可以参与进来。老板有宏观的视角，可以站在企业整体的角度来评估。第三，专业的培训讲师和咨询顾问也可以参与进来。之所以让这些人参与进来，就是为了保障评估结果的有效性，谁负责，谁评估，使评估更为专业。组建专家团的要点是，被评估者必须参与评估，老板和专家有时不必参与。在此，不必担心被评估者出于私心给自己打高分，或者某个专家因为与被评估者有个人恩怨而恶意打低分。按照规则，会去掉一个最高分，去掉一个最低分，以保证公平。

一般而言，用海氏评估法得出的分数，与员工想象中的估值差不多。有人会问，这个评估不是白费力气吗？当然不是，这个评估过程让员工体会了当家做主的感觉。我们一再强调，要让员工真正做到自动自发，让每个员工都把工作当成自己的事业来奋斗，首先就要让员工参与决策，这是一种非常高明的经营智慧——把企业经营成大家的，不是仅仅把钱送给大家，而是要让大家都感受到企业发展与自己息息相关。

再次，试行海氏评估法。为什么要做海氏评估呢？主要是因为，在这个过程中，大家要通过磨合与体验来掌握标准，而且要树立一个标杆岗位。先评估一个标杆岗位，目的在于统一标准。

最后，产生各岗位的评估分值。如果评估之后，大家认为各岗位分值比较正常，就可以形成报告；如果感觉某个或某些岗位的分值不正常，如发现人力资源部经理岗是 3 000 分，销售部经理岗才 300 分，二者相差悬殊，这就说明在岗位职责描述这一环节出现了问题，那就要"回炉重造"。

以上论述了海氏评估法的基本流程，为了保证其能有效实施，在评估过程中需要注意以下事项。

（1）评估一定要本着客观、全面、公平的原则，不允许互相讨论和抄袭。

（2）评估者要有老板思维。也就是说，评估一个岗位时，评估者不要只是站在单个岗位的角度，而是应该站在公司老板的角度，从整个公司的战略层面，用全局的眼光来客观看待这个岗位对于公司的价值，以及公司整体发展层面对于这个岗位的要求。

（3）标准必须是唯一的。标准唯一并非指不同专家之间的标准要一致，而是说每个专家要统一自己的标准。

假设你是跳水比赛的裁判。运动员 A 第一个出场，你认为她的转体三周半动作得分是 9 分。第二个出场的是 B，她的跳水动作也是转体三周半，但是比 A 好一些，那么以 A 为参照，你可以给 B 9.1 分。第三个出场的是 C，打分时你要参照的是 A，而不是 B。假如 C 比 A 跳得差一些，那么你可以给 8.9 分；假如 C 比 A 跳得好一些，那么你可以给 9.2 分。A 就是要参照的唯一标杆。

（4）评估过程中要及时反馈。如果在评估过程中发现某个数值不正常，有严重偏差，那么要及时反馈、重新评估，千万不要等到最终结果出来时再返工。及时反馈，一方面能立即纠正错误，马上重新评估；另一方面能节约评估的人力、物力和犯错误的机会成本。

（5）过程要保密，结果要公开。评估的过程中拒绝讨论和抄袭，即过程是要保密的，但是结果不能保密，是要公开的。

（6）要多练习，勤体会。评估中会有一些感知类的判断，这种感知类的内容需要多去体会。

我们通过科学的演练得到了海氏评估的分值，但工作还远远没有结束。因为还会有新的问题出现，那就是如何结合企业的现状去使用这个分值。

一般来说，西方成熟型的企业，做岗位价值评估的过程非常科学：每个岗位的职责描述都很清楚；一个人能否胜任这个岗位，有专门的胜任力模型来评估。也就是说，对"萝卜"和"坑"的评估都很完善。而中国大部分的民营企业不能做胜任力评估，即使评估出来了，也未必科学。

企业的形态不同，管理模式就不同。跨国公司是最严谨的，管理制度是最规范的，但效率也是最低的。为什么家族企业初创时效率最高？因为不需要制度，不需要流程，不需要控制，所以反应速度是最快的。等到企业规模扩大了，就会碰到一些"瓶颈"，因为组织结构复杂了，员工数量多了，所以要通过制度、流程、考核等来加强管理。

总之，在现阶段，中国大部分企业可能还不适合做胜任力评估。能够结合自己企业的情况把海氏评估做好就可以了。那么，企业需要结合自身情况考虑哪几方面的问题呢？下面举例说明。

某公司运用海氏评估法对研发部经理、采购部经理、销售部经理等7个岗位做了评估，得出了7个分数。公司总共拿出20万股股份做股权激励，于是通过这些数据计算得出：研发部经理分到4万股，采购部经理分到3万股，生产部经理分到3万股，销售部经理分到5万股……但是对于这个结果，生产部经理可能心里会不舒服：采购部经理和生产部经理都分3万股是合理的，因为我参与评估了，感觉分数很合理。但是我在这家企业都工作10年了，而采购部经理才在这家企业工作了2年，就能与我分到的一样多吗？而研发部经理的岗位是空缺的，暂时由某个研发员来做副经理主持部门工作，这个激励额度与正职相同吗？

针对上述两个问题，企业该如何处理？

第一个问题：工龄系数的处理。

具体做法是，根据企业具体情况，设置针对岗位价值评估结果的调整系数，如可以针对激励对象的工龄差异设置工龄系数。假设研发岗的预售是5万股，如果在该公司工作满4年，系数为1，工龄每多1年，系数增加0.05，系数上限是1.5。工作4年可预售5万股，工作5年大约可分得5.25（5×1.05）万股，工作20年可分得7.5（按照上限系数1.5计算，5×1.5）万股。工龄系数可以根据企业的情况自行设置，但一定要设定上限，哪怕工龄20年，系数也最多是1.5。既要考虑员工对企业过往的贡献，又要考虑到员工的忠诚度和长期付出而给予价值奖励，但也不能将其无限放大。假设4年为一个周期，那么没有做到4年的，每少一年，系数就可以减0.05，这样就需要设定下限，如到0.8为止。

需要注意的是，做激励时要少用减法，多用加法。假设我们设定2年的工龄系数为1，2年以下的工龄系数都为0，2年以上开始做加法——1.1、1.5、2，……没有减法。再如，"3000元底薪+2000元浮动工资"的模式，在很多企业执行得很失败，因为员工会认为老板抠门儿：本来是月薪5000元，左扣右扣，扣到了4500元。员工不会认为4500元是3000元加上去的，而会认为是5000元减下来的。如果换一种模式，工资为3000元，做到某一步加500元，再做到某一步，再加1000元……全是加法，没有减法。同样都是拿到4500元，做减法拿到

4 500元和做加法拿到4 500元，给员工的感觉是完全不一样的。员工会认为后者是3 000元以外多赚了1 500元；前者是老板太抠门儿，扣了500元，只剩下4 500元。

"少用减法，多用加法"，如果掌握不好这个原则，那么再好的绩效模式都是没有用的，考核指标设计得再科学，标准和流程设计得再完善，都起不到预期的作用，因为人的问题没有解决。所以做股权激励，既要对人也要对事。同理，企业做管理，一定要由原来的完成任务的压力导向，变成一种激发员工主动性和创造力的成长导向，因为人的心态很重要。如今的员工不是为工作而工作，而是为心态而工作，看不到这一点，企业的管理就会很难。

股权激励是分钱的艺术，更是治理的智慧。分钱，分的就是心态，钱多未必能分好，钱少未必分不好。这就要依靠制度的设计，以员工的心态和需求为导向，多思考本质性的东西。

第二个问题：职位系数的处理。

假设在正常的情况下，总经理岗位的评估结果是，可以分得5万股股份，系数为1。由于正职暂时空缺，如果由副总经理代理这个岗位，则系数为0.7；如果由总监代理，则系数为0.5。当然，系数的大小是根据企业实际情况来设定的。在同时考虑工龄和职位的情况下，股权激励额度应该如何计算呢？举例如下。

假设由副总经理张三来代理总经理岗位，经海氏评估，得出的总经理岗位预售激励额度为5万股，工龄系数以4年为一个周期，系数为1，工龄每增加1年，系数就增加0.05，张三的工龄为8年，请问他的预售激励额度是多少？工龄系数为1.2（1+4×0.05），职位系数为0.7，因此张三所获得的预售激励额度为4.2（5×1.2×0.7）万股。张三能不能拿到4.2万股呢？如果是在职分红，会有在职分红考核方案：如果考核方案得到的系数为1，就能拿到4.2万股；如果考核方案得到的系数为0.8，就能拿到3.36（4.2×0.8）万股；如果考核方案被一票否决，系数为0，就被取消分红资格，什么都拿不到了。

综上所述，可以看出，股权激励还是绩效考核的一种方式。

当然，以上例子只考虑了两个系数：工龄系数和职位系数。在企业中完全可以增加系数的种类，可以根据行业特征和企业特点大胆设置类似的调整办法。关键看企业发展到什么阶段，其商业模式、人员结构有什么特点。这里需要注意，海氏评估法对于后文将提到的其他各种股权激励方法起一个基础性的作用。海氏评估法解决的是预售多少额度的问题，而最终能不能拿到这个额度，则取决于考核的结果。企业中使用较多的是超额利润激励法和在职分红激励法，这些方法都有相应的考核办法，根据考核的结果来确定最终被激励者所能拿到的股份。需要说明的是，考核的目的不是算计和压榨员工，而是激励他们更好地达成工作目标。总之，股权激励的关键在于激励，不在于股权；绩效考核的目的在于帮助员工达成目标，而不在于考核。

海氏评估法不仅可以用于股权激励，还可以用于很多方面，如奖金的分配、薪酬福利的设定等。

针对核心高管的激励机制——超额利润激励法

超额利润激励法适合哪种企业呢？

有一个老板曾经这样对我说："我非常乐意将企业的股份拿一些出来，与我们的核心高管进行分享，但是我们的核心高管对股份分配并不太感兴趣，我该怎么办呢？"老板想给高管股份，高管还不愿意要。在我看来，那些核心高管表面上是对股份分配不感兴趣，实际上是看不到公司的未来，也就是对老板不太感兴趣。

经过调查发现，这个老板比较开明，但是他有一个很严重的问题。多年来，他像独行侠一样，到处学习、寻师论道，有理念，有高度，也很有境界；但是他的团队成长很慢，与他脱节很严重。他感觉曲高和寡，难以共鸣，核心管理层与他的差距也越来越大。

学习了股权激励课程后，这个老板想与他的团队沟通，给他们一些股份。但是他的团队对股份分配根本不感兴趣，反而说："老板，假如你真想给我们分些东西，那就多给我们发点红包，多给我们一些现金，我们就很感谢你了。"

这个老板很郁闷："我胸怀宽广，一片好心，想让他们分享企业成长的果实，他们居然还不想要！"我是这样劝慰他的："你不必去强求别人的观点与你一致。这么多年来，你与团队走得比较远，一下子想磨合好不容易。我建议你用两到三年的时间来磨合。怎么磨合呢？需要三个步骤。第一步，采取超额利润激励法，目的是满足这些高管喜欢现金的需求。你不能怪他们目光短浅，他们非常现实，

资源下载验证码：**65497**

用超额利润激励法让他们看到企业和市场的潜力，看到老板的境界和心胸。第二步，重新梳理你的企业文化，重新提炼使命，重新规划未来，重新设计三层业务链，同时导入在职分红激励法。第三步，导入'135渐进式'激励法。这三步完成了，你的问题就解决了。"

何为超额利润激励法？例如，目标利润是1 000万元，那么这1 000万元利润之内的激励，就是在职分红激励法；1 000万元利润之外的激励，就是超额利润激励。对于1 000万元利润，30%分给核心高管，剩下的70%由企业的所有者来分享。假如除完成目标利润1 000万元外，还超额完成了500万元的利润，那就再拿出超额利润的60%分给核心高管。如此，就充分表达了老板愿意与团队分享的境界和胸怀。使用超额利润激励法，对企业没有任何伤害，反而能更快调动高管的积极性。

◎ 设定利润目标

当老板认同这种观念，职业经理人又完全喜欢这种方式时，就可以开始设定目标了。那么，如何设定目标呢？假设企业已经经营了几年，2018年的目标利润是1 000万元，这个目标既是老板想要实现的目标，也是职业经理人认同的目标，2018年确实完成了，而且略有超额，于是老板决定从2019年开始进行3年的超额激励。那么2019年的目标该如何设定呢？简单来说，就是在2018年的目标利润的基础上进行测算，具体公式为1 000万元×（1+6%）×（1+30%）=1 378万元。那么1 378万元就是2019年的利润目标。其中，6%是无风险利率，30%是企业发展的增长比例。

什么是无风险利率呢？无风险利率是指将资金投资于某一项没有任何风险的投资对象而得到的利息率。

例如，两家企业重组，其中一家企业的净资产是3亿元，另一家企业的净资产只有3 000万元，前者每年的增长速度比较慢，只有28%，后者每年的增长速度很快，达到80%，那么这两家企业怎样合并重组呢？两家企业的净资产每年都有一个无风险利率，将3亿元放在银行和将3 000万元放在银行，虽然存款利率是相同的，但是利息数额并不相同。如果两家企业的净资产是相同的，都是3 000万元，那就不需要考虑无风险利率；如果净资产是相同的，但是各自的增长速度不一样，那就要计算增长比例；如果净资产不一样，增长比例也不一样，那就既要计算净资产的无风险利率，又要计算企业的资产增长速度。

再如，把1 000万元放在家里，5年之后，就无法买到5年前价格为1 000万元的东西了——货币每年大概以6%的速度在贬值，这就是通货膨胀率。而前文公式中的"6%"，就是给老板资产保值的一个保障，称为无风险利率，一般6%～8%。

企业发展的增长比例不是老板自己认定的，而是老板和高管经过沟通所达成的共识。老板觉得这个增长比例是能接受的，高管认为这个比例是完全有信心完成的。前文提到，企业的增长比例是30%，无风险利率是6%，据此得出2019年的利润目标为1 378万元。

那么，2020年的目标如何设定呢？就是在2019年的基础上，用1 378万元×（1+6%）×（1+30%）即可。同理计算得出，2020年的目标利润约为1 898万元。当然，实际操作中并非一定要把增长率定为30%，如果老板和高管双方都能接受，定为20%、90%，甚至200%都是可以的。

◎ 设定超额起提点和超额比例

假如超额起提点是利润达成100%，设定利润目标为1 378万元，而实际上完成了1 478万元，超额100万元。这个超额比例不到目标利润的10%，那么建议起提点为30%～50%。

以下是企业实际运营过程中涉及的几种具体设定方法。

一、以利润为计算标的

老板千万不要因为员工拿得多了就心理不平衡。导入激励机制，老板会发现企业发生的巨大改变。原本一下班就立刻走人，企业有再紧急的事情也不理会的员工，在这个机制的激励下，会马不停蹄地工作：一定要抓住机遇，今年前两个季度，必须完成公司的目标利润1 000万元，这是保底目标；后两个季度，必须超额完成200万元，后两个季度是为自己干的。总之，员工现在不仅是为企业创造利润，也是在为自己创造价值、创造未来。

实际上还有这样一种可能：目标利润是1 378万元，实际上完成了1 878万元，超额利润是500万元，比目标利润1 378万元多了36%，但小于50%。对此建议，最少拿出超额利润的40%来分红。如果超额部分大于50%，最少可以拿出超额利润的50%来分红。如果超额部分大于80%，那么建议最少拿出超额利润的60%来分红……为企业创造的价值越高，得到的回报比例就越大。

这样设定比例的前提是，以利润作为计算标的。如果用销售额作为计算标的，又该如何确定比例呢？第一，比例相对较低。例如，今年的销售额是10亿元，10亿元是保底销售额，那么超额的部分可以拿出1%～5%给职业经理人做激励。第二，做好对财务预算和过程的管控，否则可能销售额上去了，成本却大幅增加了，企业没有任何利润。总之，以利润为计算标的进行激励，是最标准也是最科学的。

如果完成的利润低于目标利润的100%，如目标利润是1 378万元，实际只完成了1 278万元，那就没有超额利润的分红。

二、设定目标的稳定性要求

设定利润目标之后，如果今年超额完成或未完成，那么明年该怎么办呢？

假设今年的利润目标为1 378万元，明年的利润目标为1 898万元，实际今年就完成了1 898万元，那么明年的目标要不要做调整呢？一般而言，目标设定必须合理，一方面要高于行业平均增长率，另一方面要符合企业的战略规划需求，而且要遵循高要求原则。但是目标一旦设定，除非被外在的重大因素所影响，否则是不能变动的。这是对职业经理人的负责和保障。

另一种情况是，今年的目标利润为1 378万元，实际上完成了1 178万元，但是与去年的1 000万元利润相比还是有超额的，而且大家都很努力，对公司也非常认同，公司也没有换人的打算，那就继续执行三年的超额利润分红。既然没有达成利润目标，那么超额利润分配在今年是没有的。但是计划定的是三年，假设第二年的目标是1 898万元，结果完成了2 898万元，即第一年没有完成目标，但是第二年超额完成了很多，这种情况应该怎么办呢？很简单，第二年超额完成了1 000万元，第一年欠缺200万元，用第二年超出的1 000万元减去第一年欠缺的200万元，剩下800万元除以1 898万元，这个比例大约为42%，是超额50%以内的，拿出40%进行超额比例分红即可。这是对企业的负责和保障。

综上所述，进行股权激励，并不是站在老板的角度要求高管如何，也不是站在高管的角度要求老板怎样，而是站在企业的角度考虑如何更好、更公平地分配。有些职业经理人很聪明，影响力也比较大，他们会有这样的想法："老板比较仁厚，我们的利润只要比去年稍有增加，他就能接纳。我们有一点机会，暂时还不报出来；有一些资源，暂时不要动；有一些能完成的业绩，把它放到明年……因为我们完成的超额部分越高，公司给我们的提成比例就越大。"其实他们这么想是为了多赚些钱，但是错在市场不会像他们想象的那样静止不动，机会稍纵即逝，最后成了"双输"局面，职业经理人没有拿到那么多分红，企业也失去了很好的发展机会。

还有一种情况是，设定三年的利润目标，去年是 1 378 万元，今年是 1 898 万元，明年是 2 615 万元。假设去年的 1 378 万元已经完成了，那是继续按照设定的目标执行，还是按照无风险利率和公司的发展速度自动生成第三年的目标，如 3 603 万元？应该也是目标不变，这是为了让职业经理人看到的目标永远是三年。当然，企业也可以选择只做一年或两年尝试一下。这个方法没有太大的风险，而且对职业经理人的激励价值和意义比较大。

三、分红递延支付法

上述方法有两面性。其优点为，它是一个利润高点，能够很好地激励职业经理人提升业绩，而且容易操作，同时激励的奖金来源于公司的超额利润，一般来说股东是非常愿意接纳的，而且无论什么行业，无论非上市公司处于哪个阶段，都可以使用。其缺点是，可能会出现利润降低额度较大、公司流动性资金出现短缺的问题。例如，账面上算起来公司是盈利的，但公司拿这笔钱买了一块地，所以没有足够的钱去分配了。在这种情况下，解决方案是，采用分红递延支付法。

例如，当年的分红比例为 60%，那么剩余的 40% 在什么时候分呢？一般来说，可以在第二年的 12 月 31 日前，也可以在第二年的 7 月 1 日前分配，给公司半年的时间缓冲。但是，一旦这个制度设定了，中间职业经理人无论因什么原因离开公司，一律视为自动放弃剩余分红。当然，职业经理人可能会担心，老板会不会看我还有一些剩余分红就把我开除了呢？如果老板是这种胸怀，我建议趁早离开，因为这样的企业永远不可能有发展。另外，公司也可以专门开设一个账户，用于管理该资金。

> 武汉国资公司的期权计划就是一个典型的案例。武汉国资公司利用自己的法人账户，在股票二级市场按照企业公布的年报后一个月的股票平均价格，用企业经营者 70% 的风险收入购入，同时由企业经营者与国资企业签订托管协议。在股票到期前，该部分股权的表决权由国资公司行使，该年度购入的股票在第二年国资公司下达业绩评定的一个月内，返还上年度风险收入的 30%，第三年返还同样的 30%，剩下的 10% 累积，以后的年度股票与累积和返还，以此类推。如果企业经营者没有完成责任书的利润

指标的50%，将被扣除以前累积股票的40%。从此种做法来看，企业经营者风险收入的70%开始是以股票的形式存在的，并不发放，要根据企业经营者以后的业绩来发放，其实就是企业经营者对股票的实际所有权被递延了。武汉国资公司授予企业经营者的股票期权实际上是薪酬的递延支付。

薪酬的递延支付适用于在职分红激励，但是股东分红就不能这样了，工资发放更不能如此。薪酬激励讲究的是"共赢"，既能大大调动职业经理人的积极性，又能约束管理者的短期行为。

当然，递延支付的比例可以进行调整，也可以按"631原则"支付。

但是，如果分红是20万元、200万元的额度，可以递延支付；如果分红只有2万元，就没有必要递延支付了。

广州某服装有限公司建于2000年，从最初的家庭小作坊开始，历经十余年的努力，现已发展为服装、皮革、箱包、手套的研发设计、生产和贸易一体化的实力雄厚的现代化服装企业。在公司发展过程中，也遇到过各种困难和问题，如奖罚不明确、员工吃大锅饭严重、没有一个很好的留人机制、高管没有长期的职业规划，等等。

2017年，公司制定了一系列股权激励措施，具体包括如下内容。

（1）实行在职分红股权激励措施，明确每位高管可享受的在职分红股份，规定了获取股份所需的条件，让高管真正成为企业的主人。

（2）把中层干部的收入与公司业绩目标紧密捆绑在一起，极大地调动了管理层的积极性。

（3）通过关键业绩指标的导入，明确了各部门的季/月/周目标，不断检视、跟踪指标完成情况，促进年度目标的完成。

2018年，该公司实行了超额利润分红股权激励方案，对营销中心（ODM业务）、品牌中心（刚起步的自主品牌OBM业务）两个业务中心采取了事业部核算的方式，制定年度销售目标、利润目标，并按净利润进行超额累计分红。具体的股权激励方案如下。

1. 激励对象及激励额度

表3-4所示为全公司超额利润分红激励对象（共23人）及激励额度（共300万股）。2019年首先在营销中心和品牌中心试行。

表 3-4 超额利润分红激励对象及激励额度

部门	职务	股份额度（万股）	人数
总经办	总经理	18.6	1
	总经理助理	10	1
		8.1	1
		8.1	1
市场贸易部	业务经理	13.7	1
深圳分公司	总经理	16.1	1
采购部	采购经理	12.3	1
行政部	行政经理	8	1
人力资源部	人力资源总监	15	1
	人力资源经理	10.9	1
营销中心	设计总监	14.9	1
	技术经理	11.8	1
	运营总监	15.9	1
	生产经理	11.3	1
	品管经理	8.9	1
	物流经理	10.7	1
品牌中心	运营总监	18.4	1
	拓展总监	15.4	1
	商品经理	16.1	1
信息部	信息部经理	13.9	1
财务部	财务总监	15.7	1
	财务经理	11.2	1
成都旗舰店	店长	15	1
合计	—	300	23

2. 超额分红机制

营销中心、品牌中心的超额净利润分红比例如表 3-5 所示。

表 3-5 超额净利润分红比例

实际完成比例	80%	100%	120%	150%	200%
净利润提成比例	10%	15%	20%	30%	40%

（1）完成净利润目标的80%～100%，按净利润的10%提成。

（2）完成净利润目标的100%～120%，按净利润的15%提成。

（3）完成净利润目标的120%～150%，按净利润的20%提成。

（4）完成净利润目标的150%～200%，按净利润的30%提成。

（5）完成净利润目标的200%以上，按净利润的40%提成。

3. 超额分红额的计算

各职务的超额分红额的计算公式为：

各职务的超额分红额 = 各中心的超额净利润（超额累计净利润额）× 对应的超额累计提取比例

4. 股权激励实施效果预评估

公司股权激励方案在2019年试行，其目标设定及相关数据如表3-6所示。

表3-6　公司2019年目标设定及相关数据

销售额	13 500万元
净利润目标	851万元
股权提取比例	9.09%
公司股权总数	3 300万股
公司税率	25%

（1）营销中心和品牌中心的销售收入及利润预测如表3-7和表3-8所示。

表3-7　2019—2022年销售收入预测

单位：万元

年份 事业部	2019年	2020年	2021年	2022年
营销中心（ODM）	8 785	11 500	15 000	20 000
品牌中心（OBM）	2 000	2 500	20 000	40 000

表3-8　2019—2022年利润预测

单位：万元

年份 事业部	2019年	2020年	2021年	2022年
营销中心（ODM）	463	800	1 350	2 000
品牌中心（OBM）	100	150	2 000	4 600

（2）激励对象2019年超额分红试算结果如表3-9所示。

表 3-9　公司各中心实际净利润及超额分红金额

单位：万元

年份 事业部	2019 年计划净利润	2019 年实际净利润	2019 年完成率	2019 年超额分红
营销中心（ODM）	463	587	126.78%	117.4
品牌中心（OBM）	100	107	107%	16.05

针对核心高管的激励机制——在职分红激励法

前面的内容中讲过在职分红激励法，也就是虚拟股份激励法，即员工在职时可以分红，离职就没有分红权。

在职分红是企业使用最广泛的激励方法。比如前文中提到的目标利润 1 378 万元，超过的部分可以通过超额利润法进行分配，而在职分红激励法针对的则是 1378 万元以内的部分。超额利润法和在职分红激励法可以组合使用，称为组合式激励法。

◎ 定时间

所谓"定时间"，即股权激励应该在何时导入、何时截止、何时考核，需要明确。例如，开始时间为 2019 年 1 月 1 日；激励周期为一年，2019 年 12 月 31 日截止；考核时间为 2020 年 1 月 15 日前。一般而言，激励开始的时间可以灵活调整，激励周期为一年。另外，我们建议在设定机制时，把"考核"改为"评估"，"评估"二字听起来比较柔和，因为谁都不希望被考核，这会影响到员工的心态。

◎ 定数量

定数量的具体做法如下。

第一步，将公司股本虚拟为 1 000 万股，也可以是 1 亿股或 100 万股。建议最少不要低于 100 万股。因为尽管价值相同，但是被激励者的心理感受会完全不同。例如，公司的注册资金为 100 万元，可以把它虚拟为 100 股，然后按照约定给予某高管 5 股在职分红激励；也可以把它虚拟为 100 万股，然后给予某高管 5

万股在职分红激励。实际上，100股中的5股，与100万股中的5万股价值一样，但是被激励者的心理感受是有区别的。

第二步，按照这个规则操作，对公司净资产进行评估。因为净资产的估值涉及无形资产的概念，为了方便讲述在职分红激励法，此处不涉及无形资产、品牌资产，只有净资产。

假设把企业的净资产虚拟为1 000万股，这1 000万股等于公司股份的100%（无论这100%的股份是价值1亿元、10亿元，还是1 000万元）。然后，假设增发200万股进行在职分红激励（也可以是300万股或100万股）。

第三步，计算。计算方法有如下三种。

（1）如果高管拿到了增发的200万股，那么，用利润总额÷1 200万股×200万股，得到管理团队分红总额。

（2）确定用于激励管理团队的利润百分比。例如，今年实现了1 000万元的利润，那么公司将拿出1 000万元中的30%用于管理团队的分红。假设公司增发200万股，则10个高管分这200万股。如果高管的数量增加，就给每个人增加股份，如多一个人就增加30万股。管理团队的人数越多，分红的股数也越多，但公司分红的总额度30%不变，而且不影响在职分红的结果。具体而言，假设30%的股份对应的分红是300万元，那么200万股每股1.5元，与500万股每股0.6元是一样的，所以人数的增减对于在职分红总额没有影响。

（3）利润还是1 000万元，但一般公司会留下一些作为发展基金，而不是全部分掉。例如，预先设定好，去掉超额利润之后，将一定比例的利润留作企业发展基金，剩下的用于注册股东和管理团队的分红，注册股东和管理团队同股同权。

◎ 定条件

第2章中有具体讲述，建议企业用"六星"标准进行考核，但"六星"标准只是举例说明，不一定"六星"都要用，"三星"标准或"九星"标准也可以（但一般情况下考核指标不要超过5个，其中关键指标不要少于3个），这里只介绍"六星"标准的具体内容。

一、思想意识——价值观一致

具体的指标有认同企业文化，信赖企业及团队，有职业使命感，愿意与企业紧密、长期合作，与企业签订劳动合同、保密协议、竞业禁止协议，并且遵守相关的制度，绝对服从管理。

现实社会中，有些人能力很强，但是对企业不认同。对于这种人，企业可以录用，但是不能重用，即便重用也是阶段性的；给其在职分红或超额利润激励都可以，但是绝不可以使之成为注册股东或合作伙伴，否则后果不堪设想。

也就是说，员工与企业的价值观必须一致。但是，上述所有指标都是形而上的，在实践中，企业该如何落地呢？

例如，"精进"在实践中如何落地？作为企业的一员，要不断学习，持续进步，成为业内不可替代的专家。不论一个人的背景多好、身价多高，作为企业股东，都必须学习股权激励的课程，接受后来者稀释股份。

再如，感恩。一个人如果不懂得感恩父母，那么对企业也不会感恩。如何测评一个人是否懂得感恩呢？假如公司有一项制度，将员工每月收入的5%由财务部汇至其父母的账户，他能同意吗？如果他不同意，就不可以进入公司工作。

这就是企业文化，要看员工的行为与企业文化是否相匹配。核心价值观必须转化为行为指标，可以解释，可以考核，这样就可以落地了。

对"价值观一致"这一标准建议实行"一票否决制"。但这并不意味着，只要认同企业的价值观，与企业签订的各项协议也非常规范，就可以拿到股份。因为价值观一致只是基础，认同企业的文化才是前提，不具备这个前提，就不能成为激励对象。

二、绩效目标——公司指标或部门指标

之所以要激励员工，根本原因在于绩效。那么绩效目标如何落地呢？具体而言，如果设定的目标是今年完成利润1 378万元，实际上也完成了1 378万元，那么系数自然是1。假设只完成了1378万元的85%～100%，那么系数为0.9或1；完成了70%～85%，系数为0.7或0.8；完成了50%～70%，系数为0.5；完成了50%以下，系数就只能为0。

三、行为表现——自律性

行为要自律，因为股权激励的对象通常是企业的核心高管，一个企业能否永续发展，取决于核心高管的自律性是否够高。管理者的入门功夫就是"以身作则"，老板是企业文化的象征和化身，必须懂得自律。

柳传志为何会受到那么多人的尊重？不是因为他的企业做得多么大，有多少财富，而是因为他自律的态度。企业初创时，柳传志以前的老领导在柳传志的公司做核心高管，他们经常迟到，但是大家都不好意思批评他们。为了整肃纪律，柳传志规定了一条，凡是迟到者就要罚站。规定出台的第二天，参加公司会议的老领导迟到了，于是被罚站了10分钟。有一天，因为电梯坏了，柳传志自己也迟到了。尽管很多高管认为迟到不是他自身的原因，但柳传志说："迟到就是迟到，这是事实。电梯坏了，这是别人要承担的责任；我迟到了，这是我要承担的责任。"

　　"人非圣贤，孰能无过"，人不可能不犯错，但是不能永无止境地犯错，关键在于如何对待错误。所以，很多公司在进行激励时会设置底线。例如，一年内违规的次数在5次以内，每次按公司的相关制度进行惩罚；一年内累计违规5次以上，不论是什么类型的违规，当年的股权分红资格都将被取消。据此，上述针对价值观的一票否决制，指的是触碰底线时要一票否决。

四、道德表率——品德

　　此处所说的道德表率，是指内部客户的平衡，也就是杰克·韦尔奇讲的对他人的尊重。

　　考核时，真正对品德打分的不是老板一个人，可能是内部客户或者你的服务对象。假设你的人品支持率低于85%（具体比例根据企业情况来确定），也是一票否决。

　　"品德"是孔子当年周游列国为所有帝王将相讲课时宣导的中心思想。子曰："为政以德，譬如北辰，居其所而众星共之。"意思是，一个真正有智慧的君王，治理国家时应该以德去感化人民，而不是靠军队强权镇压。假设能做到这一点，人民就会像众星环绕北极星一样拥护、追随君主。

　　企业也要"为企以德"，管理者要凭自己的人品、领导魅力和专业水平，赢得员工发自内心地敬佩和尊重。

五、学习成长——持续发展

　　不论你多么优秀，只要你自认为自己很优秀，那么从此开始，你就会止步不前。世界瞬息万变，不断有各种新鲜的信息、知识呈现，如果你不主动学习、成长，那么很快就不能胜任自己的工作了。

企业如何在制度方面保障员工的学习成长呢？企业可以规定，学习是成为股东的一个必要条件。例如，对于参加培训的员工，公司可为其垫付交通费、住宿费和培训费，前提是要与员工签订合同，约定服务期限。如果员工服务期限已满要离职，那么公司支付的这些费用可以当成赠送给员工的礼物；如果员工在服务期限未满时就要离职，那就需要返还公司支付的费用。事实上，很多外企都是这样做的。

对于核心高管，企业可以这样规定：每年出去学习的费用额度必须占其收入的5%。如果占到了5%，就乘以系数1，该拿多少钱就拿多少；如果占4%，系数就为0.95；如果只占3%，系数就是0.9……上述规定意在提醒核心高管，现在不投资学习，三五年后就会被这个行业淘汰。

鉴于学习成长的重要意义，为了企业的发展，也为了培育人才，要用制度来做保障。

六、人才培育——内部培养

企业获取人才有两种途径——内部培养和外部引进。那么，人才是内部培养的忠诚度高一些，还是外部引进的忠诚度高一些？太多的企业案例证明，人才大多是内部培养的比较好。马云曾经说过，他犯的最大的错误就是，过去他认为自己带的18个人，最高职务能做到部门经理就不错了，为了企业的发展必须引进更多的人才，结果却发现，这么多"空降兵"来来往往，没有一个真正落地的，而当年跟随他的那18个人，都成了副总裁以上甚至是董事级别的高管。因此，内部培养的人才比较好，因为他们不仅从骨子里认同公司，而且最了解公司。当然，外面的"空降兵"也可以用，但那是应急机制，就好像一个人突然出车祸了，大量失血，要立刻输血，公司在危急关头引进一两个"空降兵"也未尝不可，但千万不要把希望全部放在人才的外部引进上，而是要关注内部人才的培养。

假设某高管培养出一个接班人A，而且为A配了两名总监、一名财务、一名客服，到无锡开拓市场，最后在无锡开了一家子公司，由总部控股。为了表示对这位高管的感谢，公司让他在无锡公司持有5%～10%的股份。在这种机制下，这位高管愿不愿意培养人才呢？肯定愿意，他天天都会琢磨有哪些人可以成为子公司的领导。所谓"体制决定统治"，你希望别人为你输送人才，那你就要设定让他们发自内心地主动为你输送人才的机制。这一点很重要。

被激励者必须与公司签订协议，写明自己要为公司创造什么样的价值、获得什么样的回报。到了年终，被激励者是否完成了各项指标，要一一计算，并做一个评估。一是看被激励者能不能获得当年用于激励的股份，二是计算被激励者能获得多少激励额度。

假设激励对象为张三，职位是总经理，本应获得的激励股份为 5 股。如果思想意识系数、绩效目标系数、行为表现系数、道德表率系数、学习成长系数、人才培养系数都为 1，那么最后他能拿到的激励股份为 5 股连续乘 6 个 1，结果还是 5 股。如果学习成长系数是 0.8，那么最后他能拿到的激励股份就是 4 股。假设是 100 万元的分红，总分红股数为 104 股，100 万元 ÷ 104 × 4 ≈ 38 461 元，就是张三能拿到的激励额度了。

假如使用 532 原则，1 000 万元分红的当期分红总股本是 108 股，激励对象分得 2.4 股，占分红总股数的 2.22%，当年每股分红 9.26 万元（1000 万元 ÷ 108 股），那么激励对象的分红总额是 22.22 万元。按照 532 原则，他当年拿到 11.11 万元，第二年拿到 6.67 万元，第三年拿到 4.44 万元。第二年他还是分得 2.4 股，公司拿出 1 300 万元分红，分红总股数还是 108 股，当年每股分红 12.04 万元，该激励对象在第二年的年度分红总额为 28.89 万元，乘以 50% 是 14.44 万元，加上第一年核算出来他第二年应得的 6.67 万元，第二年他一共能拿到 21.11 万元。这就是考核结果。

🔧 实用工具

非上市公司股权激励绩效考核表

（1）集团 CEO 在职分红考核表如表 3-10 所示。

表 3-10　集团 CEO 在职分红考核表

考核对象：		担任职位：	考核日期：
序号	考核项目	考核标准	考核结果
1	级别工龄	入职满一年以上	
2	应激励额度	董事会根据岗位价值评估与可分配股份资源及其岗位系数和工龄系数确定	

续表

序号	考核项目	考核标准	考核结果
3	价值观	考核标准： （1）价值观要与公司保持一致 （2）一票否决制	
4	公司指标	公司指标： （1）财务指标权重50% （2）客户指标权重20% （3）营运指标权重10% （4）员工指标权重20% 评分标准： （1）公司指标完成率≥85%，系数为1 （2）70%≤公司指标完成率＜85%，系数为0.7 （3）公司指标完成率＜70%，系数为0	
5	自律项	评分标准： （1）违纪次数不超过规定次数 （2）一票否决制	
6	品德项	评分标准： （1）全员支持率不低于85% （2）一票否决制	
7	成长项	评分标准： （1）学习投资等于或高于年收入的5%，系数为1 （2）学习投资每低1%，成长项系数降低0.05 （3）成长项系数最低为0.80	
8	激励额度考核结果	实际激励额度 = 应激励额度 × 价值观系数 × 公司指标系数 × 自律项系数 × 品德项系数 × 成长项系数	

备注：此表格仅供参考，各企业可以根据自己的需求增加或删减考核项目。

（2）集团部门负责人在职分红考核表如表3-11所示。

表3-11 集团部门负责人在职分红考核表

考核对象：		担任职位：	考核日期：
序号	考核项目	考核标准	考核结果
1	级别工龄	入职满一年以上	
2	应激励额度	董事会根据岗位价值评估与可分配股份资源及其岗位系数和工龄系数确定	

续表

序号	考核项目	考核标准	考核结果
3	价值观	考核标准： （1）价值观要与公司保持一致 （2）一票否决制	
4	公司指标	公司指标： （1）财务指标权重50% （2）客户指标权重20% （3）营运指标权重10% （4）员工指标权重20% 评分标准： （1）公司指标完成率≥85%，系数为1 （2）70%≤公司指标完成率＜85%，系数为0.7 （3）公司指标完成率＜70%，系数为0	
5	部门指标	评分标准： （1）85%≤部门指标完成率，系数为1 （2）70%≤部门指标完成率＜85%，系数为0.7 （3）部门指标完成率＜70%，系数为0	
6	自律项	评分标准： （1）违纪次数不超过规定次数 （2）一票否决制	
7	品德项	评分标准： （1）全员支持率不低于85% （2）一票否决制	
8	成长项	评分标准： （1）学习投资等于或高于年收入的5%，系数为1 （2）学习投资每低1%，成长项系数降低0.05 （3）成长项系数最低为0.80	
9	客户满意	评分标准： （1）被投诉（成立）次数不能超过3次 （2）一票否决制	
10	激励额度考核结果	实际激励额度＝应激励额度×价值观系数×公司指标系数×部门指标系数×自律项系数×客户满意系数×品德项系数×成长项系数	

备注：此表格仅供参考，各企业可以根据自己的需求增加或删减考核项目。

（3）分/子公司负责人在职股转注册股及增持考核表如表3-12所示。

表 3-12　分 / 子公司负责人在职股转注册股及增持考核表

考核对象：		担任职位：	考核日期：
序号	考核项目	考核标准	考核结果
1	级别工龄	入职满一年以上	
2	应激励额度	董事会根据岗位价值评估与可分配股份资源及其岗位系数和工龄系数确定	
3	价值观	考核标准： （1）价值观要与公司保持一致 （2）一票否决制	
4	公司指标	公司指标： （1）财务指标权重 50% （2）客户指标权重 20% （3）营运指标权重 10% （4）员工指标权重 20% 评分标准： （1）公司指标完成率≥ 85%，系数为 1 （2）70%≤公司指标完成率＜ 85%，系数为 0.7 （3）公司指标完成率＜ 70%，系数为 0	
5	自律项	评分标准： （1）违纪次数不超过规定次数 （2）一票否决制	
6	品德项	评分标准： （1）全员支持率不低于 85% （2）一票否决制	
7	成长项	评分标准： （1）学习投资等于或高于年收入的 5%，系数为 1 （2）学习投资每低 1%，成长项系数降低 0.05 （3）成长项系数最低为 0.80	
8	育人项	（1）培养 1 名分 / 子公司负责人的接班人 （2）培养 2 名副职人员	
9	阶段考核结果	实际激励额度 = 应激励额度 × 价值观系数 × 公司指标系数 × 自律项系数 × 品德项系数 × 成长项系数 × 育人项系数	

备注：①此表格仅供参考，各企业可以根据自己的需求增加或删减考核项目。
　　　②育人项系数只是公司考核评定的标准，并不是一个具体的数值，企业要根据实际考核情况来定。

（4）分/子公司部门负责人在职股转注册股及增持考核表如表3-13所示。

表3-13 分/子公司部门负责人在职股转注册股及增持考核表

考核对象：		担任职位：	考核日期：
序号	考核项目	考核标准	考核结果
1	级别工龄	入职满一年以上	
2	应激励额度	董事会根据岗位价值评估与可分配股份资源及其岗位系数和工龄系数确定	
3	价值观	考核标准： （1）价值观要与公司保持一致 （2）一票否决制	
4	公司指标	公司指标： （1）财务指标权重50% （2）客户指标权重20% （3）营运指标权重10% （4）员工指标权重20% 评分标准： （1）公司指标完成率≥85%，系数为1 （2）70%≤公司指标完成率＜85%，系数为0.7 （3）公司指标完成率＜70%，系数为0	
5	部门指标	评分标准： （1）部门指标完成率≥85%，系数为1 （2）70%≤部门指标完成率＜85%，系数为0.7 （3）部门指标完成率＜70%，系数为0	
6	自律项	评分标准： （1）违纪次数不超过规定次数 （2）一票否决制	
7	客户满意	评分标准： （1）被投诉（成立）次数不能超过3次 （2）一票否决制	
8	品德项	评分标准： （1）全员支持率不低于85% （2）一票否决制	
9	成长项	评分标准： （1）学习投资等于或高于年收入的5%，系数为1 （2）学习投资每低1%，成长项系数降低0.05 （3）成长项系数最低为0.80	
10	育人项	（1）培养1名分/子公司部门负责人的接班人 （2）培养2名副职人员	

续表

序号	考核项目	考核标准	考核结果
11	阶段考核结果	实际激励额度＝应激励额度 × 价值观系数 × 公司指标系数 × 自律项系数 × 客户满意系数 × 品德项系数 × 成长项系数 × 育人项系数	
最终考核结果			

备注：①此表格仅供参考，各企业可以根据自己的需求增加或删减考核项目。

②育人项系数只是公司考核评定的标准，并不是一个具体的数值，企业要根据实际考核情况来定。

针对核心高管的激励机制——"135渐进式"激励法

"135渐进式"激励法中的"1"指的是1年在职分红，"3"是指3年滚动考核，"5"是指5年锁定。所以，这个"1"是包含在中间的3年之内的。3年考核、5年锁定，加起来一共是8年，这是国际上通用的实施股权激励制度的标准周期。也就是说，从一个职业经理人变成企业真正的合法股东、注册股东，通常需要8年的时间。所以，作为老板，你的企业必须有更长远的规划和更宏伟的愿景，才能使员工心甘情愿地追随你。例如，在实施8年的股权激励制度时，必须制订企业未来30年的规划。

我们通常不主张给只在企业工作一年的核心高管注册股份。那么，何时可以给呢？一般而言，需要具备的条件是，跟随老板很多年，彼此非常了解，人品绝对没有问题。在这种情况下，企业可以按照岗位价值评估方法，先预设一个激励额度，经过一年的评估期，看看激励对象最后能拿到多少，然后将其转化为股份比例，再到工商行政管理局注册。

在进行股份注册时，老板必须考虑到一点，那就是股份需要花钱购买。前文已经论述得比较详尽，在此不再赘述。

那么，如何确定注册的比例呢？假设公司总共有100万股股份，第1年激励对象拿到的激励股数设定为10万股，第2年激励股数为8万股，第3年激励股数为7万股。3年下来,个人累积所获取的激励股数总额为25万股,平均每年约为8.3万股。此时,公司总股数为125万股,8.3万股约占7.66%,这7.66%就是给激励对象注册的股份比例。

3年考核期结束,进入5年锁定期后,需要企业家考虑的问题有以下几个。

(1)预付定金的额度及性质如何?原则上,激励对象购买股份的定金额度一般占全款的5%~10%,且不能退还。

(2)什么情况下企业可以终止股权激励?以下列举9种情形以供参考。也就是说,只要符合以下9种情形中的任意一种,即可终止股权激励。

①激励对象因不能胜任工作岗位、违背职业道德、失职、渎职、严重损害公司利益或声誉而导致的被降级、降职。

②激励对象有泄露公司机密,与外部人员勾结,进行不正当交易的行为。

③激励对象私自开设与公司相同或相近业务的公司。

④激励对象自行离职或因个人原因被公司辞退。

⑤激励对象伤残、丧失行为能力或死亡。

⑥激励对象有违反公司的管理规章制度、违反公司保密制度等行为。

⑦激励对象有违反国家相关法律法规、被刑事处罚的行为。

⑧锁定期内公司发生重大变化,如公司重组、兼并、转让、被收购等。

⑨公司重组或被兼并后,老板易姓,旧的激励机制被新的机制所代替。

(3)已付全款购买公司股份的激励对象,如果中途退出该如何处理?

如果锁定期是5年,但是激励对象在不足3年时就离开了,那么可以分以下3种情况来处理。

①激励对象离开时,公司处于盈利状态。这时公司可以原价回购其股份,退还本金。

②激励对象离开时,公司处于亏损状态。这时激励对象要按照股份比例弥补公司亏损后方能离开,弥补上限为出资额。例如,激励对象当初花50万元购买了10%的股份,现在公司亏损了1000万元,那么他最大的资金弥补上限为50万元,而不需要按照占股比例弥补100万元。

③公司提前上市了。例如,在锁定期的第2年有风投进来,公司准备上市了,此时,为了加快公司上市的步伐,就要提前解锁并加快注册。

(4)如果锁定期是5年,激励对象在超过3年但不到5年时离开,可以分以下4种情况来处理。

①有风投进入，此时公司一般以溢价的方式回购激励对象的股份。

②公司是盈利的，但是无风投进入，公司按原价回购激励对象的股份。

③公司是亏损的，同样没有风投进入，激励对象按比例弥补公司亏损，上限为出资额。

④公司不到5年就上市了，提前解锁并加快注册。

（5）如果锁定期是5年，激励对象在到期之后离开，分以下2种情况来处理。

①直接注册股份。

②激励对象因为自身原因不愿意注册，此时公司可以用净资产每股收益价回购，或者双方协商一个合理的价格由公司回购。

实用工具

（1）集团公司CEO"135渐进式"在职股考核表如表3-14所示。

表3-14 集团公司CEO"135渐进式"在职股考核表

考核对象：		担任职位：			考核日期：		
序号	考核项目	考核标准			第1年在职股考核	第2年在职股考核	第3年在职股考核
1	级别工龄	入职满1年以上					
2	应激励额度	董事会根据岗位价值评估与可分配股份资源及其岗位系数和工龄系数确定					
3	价值观	考核标准： （1）价值观要与公司保持一致 （2）一票否决制					
4	公司指标	利润增长率					
		无风险利率					
		第1年考核目标	第2年考核目标	第3年考核目标			
		评分标准： （1）公司指标完成率≥85%，系数为1 （2）70%≤公司指标完成率＜85%，系数为0.7 （3）公司指标完成率＜70%，系数为0					

续表

序号	考核项目	考核标准	第1年在职股考核	第2年在职股考核	第3年在职股考核
5	自律项	评分标准： （1）违纪次数不超过规定次数 （2）一票否决制			
6	品德项	评分标准： （1）全员支持率不低于85% （2）一票否决制			
7	成长项	评分标准： （1）学习投资等于或高于年收入的5%，系数为1 （2）学习投资每低1%，成长项系数降低0.05，成长项系数最低为0.80			
8	每年考核结果	实际激励额度＝应激励额度×价值观系数×公司指标系数×部门指标系数×自律项系数×客户满意系数×品德项系数×成长项系数			
三年考核结果的平均值					

（2）集团公司部门负责人"135渐进式"在职股激励考核表如表3-15所示。

表3-15　集团公司部门负责人"135渐进式"在职股激励考核表

考核对象：		担任职位：		考核日期：	
序号	考核项目	考核标准	第1年在职股考核	第2年在职股考核	第3年在职股考核
1	级别工龄	入职满1年以上			
2	应激励额度	董事会根据岗位价值评估与可分配股份资源及其岗位系数和工龄系数确定			
3	价值观	考核标准： （1）价值观要与公司保持一致 （2）一票否决制			

续表

序号	考核项目	考核标准			第1年在职股考核	第2年在职股考核	第3年在职股考核
4	公司指标	利润增长率					
		无风险利率					
		第1年考核目标	第2年考核目标	第3年考核目标			
		评分标准： （1）公司指标完成率≥85%，系数为1 （2）70%≤公司指标完成率＜85%，系数为0.7 （3）公司指标完成率＜70%，系数为0					
5	部门指标	评分标准： （1）部门指标完成率≥85%，系数为1 （2）70%≤部门指标完成率＜85%，系数为0.7 （3）部门指标完成率＜70%，系数为0					
6	自律项	评分标准： （1）违纪次数不超过规定次数 （2）一票否决制					
7	客户满意	评分标准： （1）被投诉（成立）次数不能超过3次 （2）一票否决制					
8	品德项	评分标准： （1）全员支持率不低于85% （2）一票否决制					
9	成长项	评分标准： （1）学习投资等于或高于年收入的5%，系数为1 （2）学习投资每低1%，成长项系数降低0.05，成长项系数最低为0.80					
10	阶段考核结果	实际激励额度＝应激励额度×价值观系数×公司指标系数×部门指标系数×自律项系数×客户满意系数×品德项系数×成长项系数					
三年考核结果的平均值							

（3）"135渐进式"股权激励考核分红计算表如表3-16所示。

表3-16 "135渐进式"股权激励考核分红计算表

延期支付比例 （5：3：2原则）	50%	30%	20%						
年　别	第1年在职股考核	第2年在职股考核	第3年在职股考核	第4年锁定期	第5年锁定期	第6年锁定期	第7年锁定期	第8年锁定期	第9年回购或注册
考核日期	2017.01.15	2018.01.15	2019.01.15						
考核结果（单位：股，下同）									
分红日期	2017.01.25	2018.01.25	2019.01.25	2020.01.25	2021.01.25	2022.01.25	2023.01.25	2024.01.25	2025.01.25	2026.01.25
公司分红总额（单位：万元人民币，下同）									
当期公司分红股本总数									
激励对象分红股数									
激励对象分红股占总分红股比例									
当年每股分红									
个人当年应分红总额									
当年分红支付（当年分红总额的50%）									
去年剩余分红（去年分红总额的30%）									
前年剩余分红（前年分红总额的20%）									
当年累计分红									

（4）××公司虚拟股份增值激励表如表3-17所示。

表3-17　××公司虚拟股份增值激励表

制定部门：薪酬管理委员会				授予时间：2015年12月30日			
序号	姓名	部门	职务	授予额度	行权条件及比例		
					2017年公司净资产达2000万元，则行权比例为×%	2018年公司净资产达2600万元，则行权比例为×%	2019年公司净资产达3380万元，则行权比例为×%	2020年公司净资产达4394万元，则行权比例为×%
1								
2								
3								
4								
5								
6								
7								
8								
9								
10								

备注：①当年的指标达标，则行权时间为第二年的1月15～1月25日。

②当年的指标达标，原则上必须行权。

③当年的指标不达标且激励对象依然在职，则其行权比例叠加到下一年，但下一年行权时须达到复合增长指标。

◎ ××信息技术公司股权激励方案

一、集团背景资料说明

1. 集团基本信息

集团基本信息如表 3-18 所示。

表 3-18　集团基本信息

公司名称	××信息技术有限公司		成立时间	2012 年
主营业务	证券决策软件开发、投资咨询、股民教育			
所属行业	信息技术、金融服务			
公司规模	员工人数	500 人	分公司数	9
发展阶段	稳步发展期			

2. 集团组织架构

××集团组织架构如图 3-10 所示。

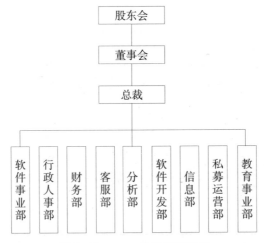

图 3-10　××集团组织架构

说明：软件事业部下设 7 家分公司；教育事业部下设 2 家分公司。

二、实施股权激励的背景

1. 集团整体面临的问题

（1）利润与销售收入"靠天收"。

（2）目标没实现时，不知道该由谁承担责任。

（3）公司的投入在增加，但业绩并未相应提高。

（4）市场竞争越来越激烈，公司的专业队伍建设亟待加强。

2. 集团高管面临的问题

（1）下属不愿承担更多责任，不主动改进工作。

（2）工作布置下去后，执行起来很困难。

（3）没有一个体系和标准去评价下属的工作。

（4）下属工作表现不好，没有相应的管理办法。

3. 集团员工面临的问题

（1）为什么我干得比别人好，拿的钱却和别人一样多？

（2）为什么没有人告诉我，我的工作到底做得怎么样？

（3）怎么做才能让我加薪呢？

（4）一直这么干下去吗？今后的发展方向在哪里？

集团要解决上述问题，需要通过建立高效的绩效管理体系和多重股权激励机制，来建设一支优秀而强大的、掌握先进管理理念的经营管理团队。

三、集团股权激励方案

1. 股权激励对象

（1）公司高层、经理级以上关键岗位。

（2）业务团队：子公司总经理。

此次股权激励对象共35人，激励对象的具体职位及人数如表3-19所示。

表3-19 激励对象的职位及人数

序号	职位	人数
1	副总裁	2
2	总监	4
3	软件销售总监	1
4	教育销售总监	1
5	软件销售副总监	1
6	教育销售副总监	1
7	软件销售总经理	8
8	软件行政总经理	8

续表

序号	职位	人数
9	教育销售总经理	2
10	教育行政总经理	2
11	高级经理	1
12	研发部经理	1
13	经理	3

2. 股权激励模式

（1）"135渐进式"股权激励方案。

（2）超额利润分红激励方案。

四、股权激励具体方案

第一种，"135渐进式"股权激励方案。

集团股份总数为6 000万股，提取比例为60%。在职分红股为免费赠送，来源于股东股份同比例稀释。

集团利润的40%留存企业发展，60%用于在职股和注册股分红。

1. 激励对象及激励额度

激励对象及激励额度如表3-20所示。

表3-20 激励对象及激励额度

序号	职位	人数	激励额度（万股）
1	副总裁	2	150
2	总监	4	120
3	软件销售总监	1	100
4	教育销售总监	1	100
5	软件销售副总监	1	80
6	教育销售副总监	1	80
7	软件销售总经理	8	75
8	软件行政总经理	8	75
9	教育销售总经理	2	75
10	教育行政总经理	2	25

续表

序号	职位	人数	激励额度（万股）
11	高级经理	1	55
12	研发部经理	1	80
13	经理	3	40
合计		35	2 795

2. 激励对象在职分红股的考核

（1）在职分红股的考核时间。

第一阶段：在职股激励阶段为 2016 年 1 月 1 日至 2018 年 12 月 31 日。

第二阶段：锁定期激励阶段为 2019 年 1 月 1 日至 2023 年 12 月 31 日。

（2）在职分红股考核方法如表 3-21 所示。

表 3-21 在职分红股考核方法

考核指标	评分标准
应激励额度	董事会根据岗位价值评估与可分配股份资源及其岗位系数和工龄系数确定
价值观	一票否决制，按照公司的价值观进行考核
公司指标	上下浮动制： （1）公司指标完成率≥85%，系数为 1 （2）70%≤公司指标完成率＜85%，系数为 0.7 （3）公司指标完成率＜70%，系数为 0
部门指标	上下浮动制： （1）部门指标完成率≥85%，系数为 1 （2）70%≤部门指标完成率＜85%，系数为 0.7 （3）部门指标完成率＜70%，系数为 0
自律项	一票否决制，违纪次数不超过规定次数
内部客户满意项	一票否决制，被投诉（成立）次数不能超过 3 次
品德项	一票否决制，员工支持率不得低于 85%
成长项	上下浮动制： （1）学习投资等于或高于收入的 5%，系数为 1 （2）学习投资每降低 1%，成长项系数降低 0.05 （3）成长项系数最低为 0.80
考核结果	激励对象实际激励额度 = 应激励额度 × 价值观系数 × 公司指标系数 × 部门指标系数 × 自律项系数 × 客户满意系数 × 品德项系数 × 成长项系数

3. 锁定期与待注册股

3年在职股考核完成后，即可进入注册股锁定阶段，在职股转为待注册股。

待注册股数量：前3年在职股考核结果的平均值。锁定期内按照前3年考核结果的平均值进行分红。

示例：教育销售刘总监的考核结果如表3-22所示。

表3-22 教育销售刘总监的考核结果

考核方式	在职股考核		
考核时间	2017年1月15日	2018年1月15日	2019年1月15日
担任职位	教育销售总监	教育销售总监	教育销售总监
应奖励额度	80万股	80万股	80万股
价值观	合格，系数为1	合格，系数为1	合格，系数为1
公司指标	公司指标考核=85 系数为1	公司指标考核=75 系数为0.7	公司指标考核=86 系数为1
部门指标	部门指标考核=85 系数为1	部门指标考核=75 系数为0.7	部门指标考核=86 系数为1
自律项	合格，系数为1	合格，系数为1	合格，系数为1
内部客户满意度	合格，系数为1	合格，系数为1	合格，系数为1
品德项	合格，系数为1	合格，系数为1	合格，系数为1
成长项	合格，系数为1	合格，系数为1	合格，系数为1
考核结果	80万股	39.2万股	80万股
待注册股	66.4万股		

锁定期要求如下。

（1）签署股权激励协议。

（2）签署保密协议。

（3）签署竞业禁止协议。

锁定期到期后，待注册股可转为注册股，注册股须出资购买，按照价值相当的原则，采取"购买+赠送"的方式，公司将设立持股公司，按注册股股份数与大股东股份数同比例稀释。

4. 激励对象在职分红额计算

在职分红股的分红额＝考核当年的在职股分红总额 × 激励对象在职分红股考核后的实际股数 ÷ 在职分红股总股数

5. 退出机制

（1）主动辞职、被辞退、退休、病故、因公殉职，在职分红股自动丧失。

（2）违反否决条件，立即取消在职分红股。

否决条件：有下列行为者不能成为激励对象，或者被取消权益。

①严重违反公司价值观和规章制度。

②受贿、索贿，侵占、盗窃公司财务。

③泄露公司经营和技术机密。

④违反竞业禁止规定。

⑤严重损害公司利益和声誉的其他行为。

⑥有《中华人民共和国公司法》第一百四十八条规定的任一情形。

第二种，超额利润分红方案。

1. 集团超额分红机制

集团超额分红机制如表 3-23 所示。

表 3-23 集团超额分红机制

实际完成比例	101%	125%	150%	200%	300%
公司超额分红比例	15%	20%	25%	30%	35%

2. 超额分红激励对象及激励额度

具体数据如表 3-24 所示。

表 3-24 超额分红激励对象及激励额度

序号	职位	人数	激励额度（万股）
1	副总裁	2	150
2	总监	4	120
3	软件销售总监	1	100
4	教育销售总监	1	100
5	软件销售副总监	1	80
6	教育销售副总监	1	80
7	高级经理	1	55
8	研发部经理	1	80
9	经理	3	40
合计		15	805

激励对象的超额分红额 = 集团超额利润 × 集团超额利润的提取比例 × 激励额度 ÷ 超额股权总数

集团的股权激励方案在 2019 年试运行。

1. 集团 2019 年目标设定及相关数据说明

集团 2019 年目标设定及相关数据说明如表 3-25 所示。

表 3-25 集团 2019 年目标设定及相关数据说明

公司销售额目标	4 800 万元
公司利润率	20%
利润目标	960 万元
超额分红提取比例	15% ~ 35%
在职分红提取比例	12.5%

2. 集团在职股分红总额和激励对象在职股分红额试算

集团在职股分红总额试算如表 3-26 所示。

表 3-26 集团在职股分红总额试算

公司销售额	4 848 万元	6 000 万元	7 200 万元	9 600 万元	14 400 万元
完成比例	101%	125%	150%	200%	300%
利润	1 077 万元	1 333 万元	1 599 万元	2 132 万元	3 198 万元
股权分红额	633 万元	743 万元	842 万元	1043 万元	1415 万元
在职股分红额	208 万元	244 万元	276 万元	342 万元	464 万元

激励对象在职股分红额试算如表 3-27 所示。

表 3-27 激励对象在职股分红额试算

实际完成比例	101%	125%	150%	200%	300%
公司销售额	4 848 万元	6 000 万元	7 200 万元	9 600 万元	14 400 万元
副总裁（2人）	13.00 万元	15.28 万元	17.31 万元	21.43 万元	29.09 万元
总监（4人）	10.40 万元	12.22 万元	13.85 万元	17.15 万元	23.27 万元

续表

软件销售总监（1人）	8.67万元	10.18万元	11.54万元	14.29万元	19.39万元
软件销售副总监（1人）	6.93万元	8.15万元	9.23万元	11.43万元	15.51万元
教育销售总监（1人）	8.67万元	10.18万元	11.54万元	14.29万元	19.39万元
教育销售副总监（1人）	6.93万元	8.15万元	9.23万元	11.43万元	15.51万元
软件销售总经理（8人）	6.50万元	7.64万元	8.66万元	10.72万元	14.54万元
软件行政总经理（8人）	2.17万元	2.55万元	2.89万元	3.57万元	4.85万元
教育销售总经理（2人）	6.50万元	7.64万元	8.66万元	10.72万元	14.54万元
教育行政总经理（2人）	2.17万元	2.55万元	2.89万元	3.57万元	4.85万元
高级经理（1人）	4.77万元	5.60万元	6.35万元	7.86万元	10.66万元
研发部经理（1人）	6.93万元	8.15万元	9.23万元	11.43万元	15.51万元
经理（3人）	3.47万元	4.07万元	4.62万元	5.72万元	7.76万元

3．集团超额分红总额和激励对象超额分红额试算

集团超额分红总额试算如表3-28所示。

表3-28 集团超额分红总额试算

公司销售额	4 848万元	6 000万元	7 200万元	9 600万元	14 400万元
软件事业部销售额	4 040万元	5 000万元	6 000万元	8 000万元	12 000万元
教育事业部销售额	808万元	1 000万元	1 200万元	1 600万元	2 400万元
完成比例	101%	125%	150%	200%	300%
公司超额分红比例	15%	20%	25%	30%	35%
公司超额分红额	1.44万元	48.00万元	120.00万元	288.00万元	672.00万元

激励对象超额分红额试算如表 3-29 所示。

表 3-29　激励对象超额分红额试算

实际完成比例	101%	125%	150%	200%	300%
公司销售额	4 848 万元	6 000 万元	7 200 万元	9 600 万元	14 400 万元
副总裁 （2人）	0.155 万元	5.161 万元	12.903 万元	30.968 万元	72.258 万元
总监 （4人）	0.124 万元	4.129 万元	10.323 万元	24.774 万元	57.806 万元
软件销售总监 （1人）	0.103 万元	3.441 万元	8.602 万元	20.645 万元	48.172 万元
软件销售副总监 （1人）	0.083 万元	2.753 万元	6.882 万元	16.516 万元	38.538 万元
教育销售总监 （1人）	0.103 万元	3.441 万元	8.602 万元	20.645 万元	48.172 万元
教育销售副总监 （1人）	0.083 万元	2.753 万元	6.882 万元	16.516 万元	38.538 万元
高级经理 （1人）	0.057 万元	1.892 万元	4.731 万元	11.355 万元	26.495 万元
研发部经理 （1人）	0.083 万元	2.753 万元	6.882 万元	16.516 万元	38.538 万元
经理 （3人）	0.041 万元	1.376 万元	3.441 万元	8.258 万元	19.269 万元

方案点评：

该公司是一个高科技公司，非常重视人才，所采取的激励方式是将短期激励与长期激励有效结合。该方案完善了整个薪酬结构体系，为业绩的持续发展奠定了人力资源的竞争优势，有助于将公司骨干员工与流通股东的利益进一步结合起来，稳定了公司骨干员工尤其是研发队伍，推动了公司经营业绩的提高。

针对业务团队的激励机制——"五步连环"激励法

我们针对业务团队开发了一种组合式多层次"五步连环"股权激励方案。组合是指将多种性质的股权激励方案进行组合；多层次是指激励对象可在集团总公司持股、集团下属子公司持股、自己培养的徒弟公司持股等；"五步连环"是指对激励对象进行在职股、注册股、增持股、集团股及股权重组这五步递进连环激励，从而达到业务团队与公司形成利益共同体、事业共同体的激励目标。

业务团队分为两种：一种是全国各地乃至世界各地的分公司、子公司；另一种是总部的各个业务部门。

事实上，管理是相通的，分公司、子公司的激励模式同总部的激励模式一样。例如，在一个分公司或子公司中，可以对全体核心高管做超额利润激励，也可以对核心高管所在的整个分公司和子公司做在职分红激励。

举例来说，假设需要激励的业务岗位包括销售部总经理、销售部总监、大区经理、销售经理、销售主管，那么可以针对整个业务部门先设定一个激励额度（如100万股），不同岗位该如何分配额度、每个人应该拿多少股份，可以运用海氏评估法、"135渐进式"激励法等来计算。

假设企业在全国有很多家分公司、子公司，那么应该拿出多少利润来激励他们呢？如果企业真的能发现很好的商业模式、盈利模式，就可以把看得见的利润全分给分公司和子公司。那么，什么是看得见的利润呢？

例如，徐总在浙江开火锅店，扩张得非常快，但是发展到一定程度时遭遇了"瓶颈"："我每开一家店，就要投资一部分人力和财力，既缺人，又缺钱。"实际上，很多企业都想快速扩张，但是常常会因人才、资金和技术等因素受到限制而未能扩大规模。

我们给徐总的建议是，把开火锅店赚得的所有利润全部返给店里的管理层和优秀员工，徐总自己一分钱都不拿。刚开始徐总还很困惑，不知道未来靠什么生活。现实中，很多企业家都会有这样的担忧。那么，他们应该靠什么生活，又靠什么赚钱呢？

道理很简单。假设徐总一共有5家店，所有的店面都是租的而不是买的，每家店每年的房租大约是100万元，5家店每年的房租总额大约是500万元，不管他的店盈利多少，这500万元房租都是必须交的。徐总为什么要租房子而不买房子呢？因为他没钱买，赚的钱都用来继续开店了。道理不假，但实际上是有人可以为他买房子的，只不过他没有找到这个人，或者说他没有想到还有这样一种盈利模式。因此，徐总缺的并不是钱，而是有钱的投资者对他的信任。徐总把这些租用的房子都买下的话需要1 000万元，他可以找一位投资人进行合作，假设这位投资人是王总。那么合作的前提是，王总愿意与徐总合作，对徐总非常了解和信任，投资徐总的项目能确保自己有非常稳定的收益。

事实上，王总全部买下总价1 000万元的房子，只需要支付首付（如500万元）即可。那么，王总的收益如何，风险又如何呢？其实，王总没有任何风险。第一，王总投资的500万元，徐总以每年50万元的额度返还给王总，10年后还清；第二，10年后，王总拥有10年前就价值1 000万元的这些房子50%的产权，既可以继续对外租赁，也可以把它卖掉。如果卖掉，一次性最少能拿回500万元，因为按照中国房价过去的增长规律，价格每15年翻一倍，那么10年后王总最起码能拿回500万~700万元。如果在此过程中有任何风险，王总可以卖掉房子，拿回投入的500万元。由此看来，该项目既有稳定的回报，又没有风险，王总一定是愿意投资的。

再来看徐总的收益和风险。首先，现在徐总每年依旧要支出100万元，但用处跟以前不同：现在每年要把以前需要支付的100万元房租中的50万元返给王总，连续返还10年，另外50万元用于支付银行贷款（也许还不够）。10年之后，徐总拥有10年前价值1000万元的这些房子50%的产权。换言之，10年之后，徐总的5家店卖出去，仅凭房子的产权就可以赚500万元。徐总可以把获得的利润通过股权激励的模式返给核心高管、大厨等，这样一定能找到好的厨师、好的管理者。实际上，徐总赚的是看不见的"隐性利润"。表面上看，他是开火锅店的老板，实际上他做的是商业地产。

现实生活中有很多老板还在纠结：给核心高管3%、5%、8%的股份是不是高了？之所以如此计较，是因为他们还没有找到合适的盈利模式。很多老板开饭店还处于"老大娘卖白菜"的水平，老大娘在街东头以两毛钱一斤的价格把白菜买回来，然后拉到街西头以五毛钱一斤的价格再卖出，中间赚三毛钱的差价。现在的老板无非是把这件事情搞得复杂一些，不但买了白菜，还买了猪肉、辣椒和各种调料，还请了优秀的厨师做出各种花样的美食，卖给食客。收入减去各项成本支出，获得一点利润，这依旧是传统的商业模式。

要做股权激励，老板的胸怀就要宽广一些。老板获得的利润，一定是员工看不到的。实际上，如果员工看到老板总是跟他们"抢钱"，那就显得老板的境界太低了。

接下来让我们看看世界级的优秀企业是怎么做的。他们有很多的利润来源，首先是主产品带来的利润。例如，麦当劳的可乐赚钱，但是麦当劳为什么不搞个麦当劳可乐，而要卖可口可乐？因为没有必要，可口可乐本身是世界品牌，麦当劳和可口可乐强强联手就可以了。

除了主产品产生的利润外，优秀企业还有一些让利润高于营业额的盈利方法。那么，麦当劳靠什么方法让自己的利润高于营业额呢？首先，把品牌做好做大，在全世界范围内招商。成为麦当劳的加盟商要交很高的加盟费，而且是分等级的，一般为 300 万～800 万元，平均每家店 500 万元。麦当劳在全球有一万家店，单是加盟费就能获利 500 亿元，这是麦当劳的第一个盈利点。

第二个盈利点是，麦当劳变成上市公司后，公司的股票价值不断提高，这是外人看不到的。

麦当劳的第三个也是最大的盈利点，就是商业地产，这一点对中国老板有很好的借鉴意义。例如，麦当劳在选址时是经过各方面的调查的。它所在的那条街周边（如三五百米范围之内）一般都是黄金地段，这里的房子一般不会贬值。麦当劳获取店面一般有两种方式，第一种，直接派人跟业主谈判，谈判的技巧非常高明，有时能让业主以市场差额价，甚至低廉的价格把房子卖给麦当劳。第二种，如果业主不同意卖房，麦当劳就跟业主约定，一次性租赁几十年，然后麦当劳会招加盟商。要成为麦当劳的加盟店，第一要交加盟费；第二要交店面的租金；第三要购买或者租用麦当劳的原材料和设备；第四要购买麦当劳开店的全套培训。成为麦当劳的加盟商，为麦当劳工作 10 年后，这个加盟商可能为了经营自己的事业而把这个店面买下来，这样麦当劳就能又赚一笔。

这就是商业统筹、隐性利润的思维。在进行股权激励时，老板不要总是纠结于是给核心高管 3%、5% 还是 8% 的股份，应该去设计好的盈利模式，获得更多的隐性利润。

◎ ××装饰有限公司股权激励方案

一、公司背景资料说明

1. 公司基本信息

公司基本信息如表 3-30 所示。

表 3-30　公司基本信息

公司名称	××装饰有限公司	成立时间	2006 年
主营业务	建筑装修装饰、木业制造		
所属行业	房地产装饰、建筑		
注册资金	3 000 万元	公司规模	省外 6 家
			省内 17 家
发展阶段	高速发展期		

2. 公司组织架构

公司组织架构如图 3-11 所示。

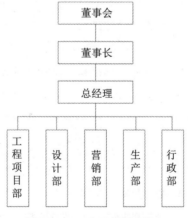

图 3-11　公司组织架构

3. 公司实施股权激励前的股东结构

公司实施股权激励前的股东结构如图 3-12 所示。

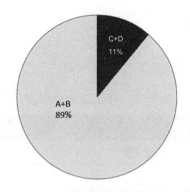

图 3-12　公司实施股权激励前的股东结构图

注：A 是老板即创始人，B 是除老板外的原始注册股东，C 是总部的高管，D 是分/子公司的高管。

4. 公司实施股权激励的背景

（1）市场竞争：在中国资本市场，装饰行业的 GDP 总量是 1.8 万亿元，白色家电行业有近 50 家上市公司，而装饰行业只有 4 家。30 多家装饰企业都在走上市之路，这就意味着上市是公司生存、发展的必经之路。

（2）战略目标："1231"战略，如表 3-31 所示。

表 3-31　"1231"战略

"1"	创造一流装饰企业，到 2020 年实现： 销售收入 18 亿元；产值总额达到 50 亿元；利润超过 4.6 亿元
"2"	二元结构： 在不断发展自营业务的基础上，大力发展承包经营业务，形成二者并举的二元经营结构
"3"	三个市场： 巩固济南市场；发展山东市场；迈向全国市场
"1"	一个平台： 整合以品牌管理为龙头的业务运营体系，建立以服务为导向的经营平台

面对激烈的市场竞争，要实现公司宏伟的"1231"战略目标，公司实施股权激励制度已是燃眉之急。

二、公司股权激励方案

（一）股权激励模式

（1）注册股激励模式。

（2）在职股分红激励模式。

（二）股权激励方案

1. 注册股激励方案

（1）公司注册股分配比例如表 3-32 所示。

表 3-32　公司注册股分配比例

A	B	高管（通过有限合伙企业间接持股）
53.30%	35.70%	11%

公司实施股权激励后的股权结构如图 3-13 所示。

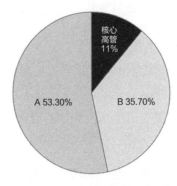

图 3-13　公司实施股权激励后的股权结构

注：A 是老板即创始人，B 是除老板外的原始注册股东。

（2）注册股激励对象及股权分配比例如表 3-33 所示。

表 3-33　注册股激励对象及股权分配比例

激励对象	分配比例
总经理	20%
营销总监	15%
财务总监	14%
设计总监	14%
工程总监	18%
行政总监	10%
检查审计	9%
合计	100%

(3）注册股激励方案的相关规定如下。

①定价：根据净资产实际金额约定股本定价为1元/股。

②2019年第二季度认购，两天之内认购完毕，过期无效。

③定变。

◆ 股改3年内离开公司，公司按原价无条件收回。

◆ 股改3~5年离开公司，公司按原价的2倍收回。

◆ 股改5年后离开公司，公司按原价的3倍收回。

◆ 自公司上市之日起，注册股转上市公司股票，公司收回条件取消。

④定规。

◆ 注册股以职级定量，自愿认购，可少不可多，认购权不可转让。

◆ 每人认购数量一律保密，一旦泄密，取消泄密者注册股认购资格。

◆ 公司按国家规定代扣个人所得税，必须全部缴纳。

◆ 每年春节（农历1月1日）前10天分红。

2. 在职股分红激励方案

（1）总公司利润分配机制如表3-34所示。

表3-34　总公司利润分配机制

留存	在职股分红	
80%	20%	70%用于股东分红
		30%用于激励对象在职分红

说明：上市后，部分在职股逐渐转变为注册股。公司上市后将启动股权激励计划。

（2）分公司利润分配机制如表3-35所示。

表3-35　分公司利润分配机制

留存	在职股分红	
40%	60%	50%用于总经理在职分红
		35%用于骨干员工在职分红
		15%用于引进人才和培训基金

说明：上市后，总经理的部分在职股逐渐转变为注册股。公司上市后将启动股权激励计划。

（3）总公司在职股分红激励对象及其在分红总额中的分配比例如表3-36所示。

表 3-36　总公司在职股分红激励对象及其在分红总额中的分配比例

职务	分配比例	职务	分配比例
总经理	13%	设计部 A	1%
营销总监	11%	设计部 B	1%
财务总监	10%	设计部 C	1%
设计总监	10%	材料部经理	6%
工程总监	13%	财务部经理	3%
行政总监	10%	工程部经理	4%
检查审计	8%	综合部经理	3%
总经理助理	3%	预算部经理	3%

（4）在职股分红激励方案的相关规定如下。

①定时：2019 年第二季度开始，实施时间为 3 年。

②定价：免费。

③定变。

◆ 每年根据激励对象在岗位上的业绩和表现，由公司董事长根据董事会协议适当调整在职股比例。

◆ 在为新进员工预留的股份不足的情况下，新增股权人时，股份按相应比例稀释。

④定规。

◆ 在职股分红以岗位规定，岗位发生变化时，在职股分红和股权激励方案也将发生变化。辞职和被开除的员工将失去在职股分红的权利。

◆ 每年春节（农历 1 月 1 日）前 10 天分红。

三、股权激励方案实施效果预评估

1. 2019－2021 年公司净利润预测

2019－2021 年公司净利润预测如图 3-14 所示。

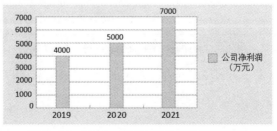

图 3-14　2019－2021 年公司净利润预测

2. 总公司激励对象收入预算

以总经理及材料部经理为例，其收入预算如表3-37所示。

表3-37　总经理及材料部经理的收入预算

单位：万元

年份（年）	职务	基本薪资	注册股分红	在职股分红	年总收入
2019	总经理	20	12.3	31.2	63.5
2020	总经理	20	17.68	44.77	82.45
2021	总经理	30	25.87	65.52	121.39
2019	材料部经理	7	—	14.4	21.4
2020	材料部经理	7	—	20.66	27.66
2021	材料部经理	7	—	30.24	37.24

3. 分公司的在职股分红总额预算

以新疆分公司为例，分公司的在职股分红总额预算如表3-38所示。

表3-38　分公司的在职股分红总额预算

单位：万元

年份（年）	2019	2020	2021
产值	2 000	3 500	4 500
净利润	170	297.5	382.5
在职股分红总额	102	178.5	229.5

方案点评：

该公司的上市之路还很远，当前的首要任务是扩大公司的市场规模，把公司做大做强。而要想把公司做大做强，首先应该做好分公司的自我管理。因此，我们针对该公司的股权激励方案提出以下两点建议。

（1）针对公司现状，建议先实施在职股分红激励方案。

（2）对每一个分公司实行在职股分红激励方案，第一步先让激励对象拿到钱；第二步可以将在职股逐渐转成当地的注册股（不在上市公司结构内，可以分钱），让激励对象有钱来购买注册股。

◎ 集团股激励法

有人可能会问，作为一个公司，拿出 5% 的股份来激励销售部负责人，会不会太少了？

实际上，股份有一个性质称为稀缺性。假设老板能规划好公司的未来，让员工发自内心地信任和追随他，那么，股份比例就成了小事。盘子做大了，股份比例就可以相对减少。

一般而言，集团股激励分为以下 5 个步骤。

步骤 1：确定具体的激励对象。

例如，"本激励计划适用于 2019 年 1 月 1 日依然在岗的各分/子公司总经理"，但是不需要写出具体的激励对象的姓名。

步骤 2：根据激励金额确定激励份额。

假设公司总部拿出 1 亿元来激励 50 个分/子公司的总经理。实际上，公司不是拿出 1 亿元现金来做激励，否则就不是"股权激励"而是"现金分配"了。前文提到，股权激励有一个非常重要的含义，就是用未来的财富来激励现在的员工。那么，什么是未来的财富呢？

假设公司 5 年后上市，那么首先要规划好 5 年后是否有人愿意花大价钱购买公司的股份，这一点取决于他们是否看好这个公司的未来，是否相信公司能为他们带来更丰厚的回报。事实上，要想让公司外部的人相信，首先要让公司内部的员工相信。所以，企业家要有一个非常科学、清晰的规划，并对公司未来的发展有坚定不移的信念。

假设 5 年后公司上市，市值是 50 亿元，公司拿出 1 亿元来激励员工，根据激励金额确定激励份额。也就是说，现在需要从集团总部的股份当中拿出 2% 来激励这 50 个总经理。如果公司预测市值 100 亿元，那么拿出 1% 的股份做股权激励就够了；如果预测市值 25 亿元，那就拿出 4% 的股份来激励员工。

步骤 3：明确单次的激励份额和具体的评估时间。

例如，上文提到的 2% 的股份，不是一次性支付，而是分成 4 次，每次支付 0.5%。那么，什么时候评估呢？可以 6 个月为一个激励周期，两年时间内将 2% 的股份释放完毕。

步骤 4：设定具体的激励条件。

例如，用于激励的股份的授予要基于责任、权利与义务相结合的原则，综合考量激励对象所承担的岗位职责、员工满意度和绩效表现。在考核期内，激励对象必须是分/子公司的总经理，这是最低要求。另外，员工满意度必须大于等于80%，否则一票否决。

步骤5：设定绩效条件。

绩效条件是什么？企业可以只关注利润或者只关注销售额，也可以既关注利润又关注销售额，还可以关注人才培养等很多指标。此时就需要将多个指标变成一个综合指标。

例如，利润权重为70%，销售额权重为30%，当期销售收入为500万元，利润为100万元，则500万元×30%+100万元×70%=220万元。这220万元既不是利润指标，也不是销售额指标，而是综合绩效指标。

假设一共有50个总经理，在1～6月每个人都按照这种公式计算，得到的综合绩效之和是1亿元，那么平均每个总经理的绩效指标是200万元。如此就可以规定，被评为激励对象的条件之一，就是综合绩效指标必须在平均值200万元之上。

如果半年时间内，综合绩效超过200万元的总经理有20人，应该怎么办呢？是不是这20个总经理平均分配股份呢？答案是否定的。接下来还要有进一步的算法。假设这20个入围的总经理的绩效指标之和是4400万元，总经理A的综合绩效是220万元，那他应该拿多少股份？220万元÷4400万元×0.5%=0.025%。其中，0.5%是指这6个月内公司释放的股份份额，所得到的0.025%就是总经理A在这半年时间内所获得的股份份额。

两年一共进行4轮考核，你会发现，人人都有机会：第1轮入围的人，不代表后面3轮每轮都能入围；第1轮没有拿到股份的，不代表后面3轮也拿不到。4轮考核与激励全部完成后，公司可以与激励对象签订内部协议，明确各个激励对象在本阶段所获得的股份比例，然后进入锁定期。事实上，现在拿到的股份既可以直接注册，也可以进入锁定期，这要参考总部高管的实际情况。如果总部的高管处于锁定期，那么这些激励对象也要进入锁定期，然后在过了锁定期之后一起注册；如果总部的高管是直接注册的，那么这些激励对象拿到股份后也可以直接注册，但是必须等到4轮激励全部完成以后。

酌价的方式一般有三种：免费、现值有利和现值不利。资金来源包括自筹资金、分红回偿、公司担保、银行贷款。如果公司的盈利模式或运作机制有所调整，则要根据实际情况重新制订考核办法。本股权激励计划的解释权归公司董事会和总裁办所有。激励对象的最终确定须经董事会通过。激励对象的退出机制和股权权益与总部高管的退出机制和股权权益相同。

这里要再次强调一个问题：什么样的人能成为注册股东？

（1）能力能够匹配公司发展的人。

（2）发自内心地愿意和公司一起成长的人。

◎ 股权重组激励法

股权重组适合准上市公司，也就是说，准备上市的企业才会进行股权重组。起初，权可以下放，因为每个分/子公司的总经理都有股份，他们认为自己是公司的主人，才会有进取的动力。但当公司发展到一定阶段时，他们的心态又会改变，容易多足鼎立，各踞一方。

总公司是要设立分公司还是子公司，取决于风险规避、税务统筹、经营管控等因素。

从风险规避的角度来看，子公司优于分公司。因为子公司有独立的法人，可以有董事会和注册股股东。假设出了问题，子公司本身就可以承担责任，公司总部不会受到牵连。分公司则不同，没有独立的法人，也无法独立承担责任。任何一家分公司出了问题，一把火立刻就会烧到公司总部。

从税务统筹的角度来看，分公司优于子公司。例如，有两家分公司，一家在上海，另一家在北京，今年上海公司亏损了1 000万元，北京公司盈利了1 000万元，对于公司总部而言是既无盈利又无亏损，公司也不需要缴税。如果是两家子公司，一家在上海，另一家在北京，今年上海公司赚了1 000万元，这1 000万元是要缴税的，北京公司亏损了1 000万元，不需要缴税。

从经营管控的角度来看，分公司要优于子公司。分公司的管理可以"一竿子插到底"，子公司则因为有独立的法人和独立的董事会，所以管控的力度不如分公司。

想开子公司或者分公司，投资额度并不高，从2014年3月起，注册资金实行认缴制，一元也可以开公司。但是，这个公司能否存活，能否发展壮大，能否为总公司带来高额的利润回报，就取决于管理者经营能力的高低了。

在子公司，可以把股东的身份直接由虚拟股东变成实际股东，直接去工商行政管理局注册即可，前提是要相互信任并有法律保障。

分公司无法注册股份，怎么办呢？可以跟激励对象协议：认同你是注册股东，每年参与分红，等到公司上市时，可以把股份直接在公司总部注册，将其换算到上市主体公司。例如，某个股东在南京分公司占10%的股份，在重庆分公司占20%的股份，在西安分公司占5%的股份，那就要把这些股份换算为上市主体公司的股份。之所以要等到公司上市，是因为原来分公司的高管本身是没办法在分公司注册的，所以只能在总部注册，但是如果总部不上市，就没必要到总部注册，直接拿分公司的分红就行了。只有当总部要上市的时候，总部的股权价值才可能最大化，所以把分公司的高管股份置换到总部注册，可以享受总部上市后的股权溢价。当然，这里要有一个沟通的过程。

对于股权重组，要厘清三个问题：为什么要做股权重组？到底如何做股权重组？股权重组能给各方带来什么益处？

股权重组，实际上是公司治理层面的概念，它可以满足财务指标的要求，让公司营业规模更大，利润更高，净资产指标更高，现金流更充足，还可以满足股权高度集中的要求。假设企业的股权是分散的、零乱的，上市时一般会遇到很大的阻碍。

股权重组有以下三种模式。

（1）持上不持下。华为公司的股权激励做得是最好的，可以说是"前无古人"，从2.4万元起步，做到如今每年几千亿元的销售额。它是"用员工的钱来激励员工"的最典型的企业，所以股权比较零乱，也很难上市。所谓"持上不持下"，是指华为在全世界很多国家都有公司，但是所有的高管、股东在任何分/子公司都不持股，而是在华为总部持股。

（2）持下不持上。何为"持下不持上"呢？例如，复星国际公司资产上千亿元，董事长是郭广昌，4个股东都是郭广昌复旦大学的同学，号称"复旦四剑客"。他们起初做的是医药咨询，后来慢慢做实业。复星国际除了前五大股东在总部外，其他所有的激励对象都在各个子公司。这种持股模式就称为"持下不持上"。

（3）多层次持股。"多层次持股"是指既持上、持下，还持中间。例如，某人是南京子公司的总经理，总公司可以用南京子公司的股份激励他。南京子公司是深圳总部控股的一个公司，所以这位总经理就在他所在的子公司持股，这称为当地公司持股。前文中所说的"在公司总部注册"就是总部持股；在职分红、"135渐进式"激励法就是在自己的公司持股。可以预见的是，如果一个人在公司总部有股份，在自己的公司有股份，在其培养的各地子公司都有股份，这些公司年年都有分红，所有的分红都是按照"532原则"来支付的，那么此人身上就有无数条利润纽带，一般情况下，他肯定是不舍得离开公司的。

如果公司打算上市，而股权结构复杂又上不了市，那该怎么办呢？这种情况就需要有个过程：将当初给股东的股份置换回来，股东在分公司可以继续享有在职分红，但是注册股被取消。这样做的结果可以从两个方面来看。从组织架构来看，公司100%完成了控股，上市也就比较容易了。从公司管理的角度来看，公司规模小的时候，一般要高度集权化管理；在发展过程中，为了快速扩张和裂变，要采用授权式管理；等到公司规模扩大后，又要进行集权化管理。放权—集权—放权，这样不断循环，公司就会螺旋上升发展。

企业收回股份不是因为后悔把股份分给股东，而是要实现"共赢"。例如，股东在子公司持股，三年能分500万元；但是在总部持股，三年后企业上市时，500万元就能变成5000万元，这是共赢的。

从被置换的对象（如分/子公司总经理）的角度来看，收回股份有以下好处。

（1）实现股份的稳定分红水平。例如，过去张总只在南京一家子公司持股，现在是在集团总部持股，集团有100家子公司，这100家公司最后的平均值是盈利的，张总就可以盈利；平均值是亏损的张总才亏损。换句话说，公司抵御风险的能力更强，所有股东的分红水平就比较稳定了。

（2）实现股份价值的最大化。股份有三重价值：分红、股份增值、股份溢价。

股份的第一重价值称为"分红"。很多股东不愿意用股权激励的方式把股份授予相关利益者。其实，股份的收益是呈阶梯状增长的，有三层阶梯，一般人只能看到最低层面的收益，也就是分红。例如，今年公司盈利1000万元，全部拿出来分了，股东持有公司5%的股份，可以分红50万元，这是股东权益。这种权益是最低层面的。

股份的第二重价值称为"股份增值"。例如，股东A在公司总部持有5%的股份，假设公司净资产为1000万元，那么股东A的股权价值为50万元。经过3年的发展后，假设公司每年的经营结果都很好，每年都在稳步增长，这时有一个投资者B给这家公司投资了1000万元，持有公司10%的股份，那么股东A的股份由5%变成了4.5%（5%-5%×10%），但是这4.5%的股份价值却增加了，由原来的50万元变为450万元了。这就是"股份增值"。

股份的第三重价值称为"股份溢价"。延续上述例子，投资者B给这家公司投资了1000万元，是有预期回报的，如B认为这家公司未来的发展前景不错，可能会上市。假设5年后这家公司真的上市了，市值变成了50亿元，此时股东A持有的4.5%的股份可能就变成3%了，但是这3%的股份价值是1.5亿元，股份比例越来越小，但实际的股份价值却越来越高。这1.5亿元就是股份溢价。从理论上讲，要想让股份溢价，就必须有外围的人进入公司。要么是二级市场上购买股票的股民来稀释股份，要么是投资者进来稀释股份。股份唯有被稀释，才能释放出巨大的能量。

综上所述，把子公司高管的股份置换到公司总部，目的就是实现股份价值最大化。在子公司只能享有子公司利润分红，不可能变成上市公司的股东，也就享受不到因公司上市而带来的股权溢价。

◎ 股权置换的依据与方法

一、股权置换的依据

股权置换是以未来若干期的累计净利润指标为依据的。什么是未来若干期的累计净利润呢？下面以实例进行说明。

假设李总公司的注册资金是100万元，张总公司的注册资金是200万元，两家公司合并后，李总持有新成立公司1/3的股份，张总持有新成立公司2/3的股份，这样合理吗？肯定不合理，因为注册资金的多少并不能代表公司效益的好坏。

假设李总今年赚了1 000万元，张总今年赚了2 000万元，两家公司合并后，李总持有新成立公司1/3的股份，张总持有新成立公司2/3的股份，这就是以净利润指标为基础的核算方法，但这样也是不合理的。因为明年的收入比例未必跟今年的相同。

假设张总公司今年的利润是2 000万元，增长速度是50%，明年可以赚3 000万元，后年可以赚4 500万元；李总公司今年的利润是1 000万元，但增长速度是200%，明年可以赚3 000万元，后年就可以赚9 000万元了。所以，以当年的净利润指标为基础进行核算，也是不合理的。

同理，以净资产指标为基础进行核算也不合理。

在资本市场，只有一个方法比较合理，就是以未来若干期累计净利润指标为依据。"若干期"是指股权锁定期，股权锁定期的设定可以参考实现上市的年数。例如，公司预计5年后上市，那么就根据净资产、利润、增长比例等指标，来预计5年后公司市值是多少。进而可以为今年设定一个比例，如果比例没有调整或没有变化，就可以进行置换；5年后如果公司发生了很大变化，那么这个比例还可以做一些调整。这就是所谓的"若干期"。

"净利润增长率"就是预计置换主体未来的净利润增长率。例如,张总公司的利润每年以38%的速度增长,李总公司的利润每年以45%的速度增长。

"净利润基数"就是置换的前一年的净利润。例如,某集团公司预计3年后上市,现在有20个子公司的股东(各子公司的总经理)与总部进行股权置换。置换当年,他们在子公司可以分配的利润总额为1 200万元,经过测算,各个利润主体(包括总部和子公司)未来几年的净利润增长率均为50%(如果每家公司的增长率不一样,计算起来会更复杂),集团公司的净利润为3 000万元。那么这些总经理原来在子公司可能占15%的股份,而置换到集团总部只占1%或者2%的股份。

二、股权置换的步骤

第一步:计算出20名股东3年可分配的利润额度。

第2年这20名股东的可分配利润额度为1 200万元×(1+50%)=1 800万元,第3年可以分配的利润额度为1 800万元×(1+50%)=2 700万元,第4年可以分配的利润额度为2 700万元×(1+50%)=4 050万元。这20名股东3年可分配的利润总额为1 800万元+2 700万元+4 050万元=8 550万元。

同理,总部第2年的利润为3 000万元×(1+50%)=4 500万元,第3年的利润为4 500万元×(1+50%)=6 750万元,第4年的利润为6 750万元×(1+50%)=1.0125亿元。

第二步:确定置换的方法。

总部应该用哪个数据跟子公司进行置换呢?8 550万元是子公司3年利润的累计,那么总部要不要把3年的利润累计为2.1亿元左右,然后再一起置换呢?总部的未分配利润为2.1亿元,这20名股东的未分配利润为8550万元,大约占总部的1/3,那么他们所持的股份也可以占总部的1/3。这样做是一种大度的表现。

但是,投资公司不会同意这样做。一般情况下,投资公司会提出要求:以公司最后一年的净利润(1.0125亿元)乘以市盈率。市盈率为多少是合理的呢?创业板开板后一年内,市盈率平均为78倍,如果按78倍来计算,1.0125亿元×78=78.98亿元。也就是说,公司股份价值78.98亿元,20名股东的股份价值8 550万元(公司按照其未分配利润作为其所持股份的实际价值),股份重新组合后,这20名股东占约1.07%的股份。

用最后一年的净利润指标乘以市盈率的倍数,这是中国公司股权重组的标准方法。

假设市盈率为 50 倍，公司股份价值为 50.625 亿元，20 名股东的股份价值为 8 550 万元，8 550 万元÷（50.625 亿元＋8 550 万元）×100%＝1.66%，这 20 名股东的股份置换到总部后就占 1.66%。如果按照 5 倍的市盈率，则占 14.45%。

假设总部用 20% 的股份换取了 20 名股东在子公司持有的所有股份，但这 20% 的股份并非每名股东平均分得 1%。例如，刘总的公司创造了 855 万元的利润，他的利润贡献占整个利润贡献的 10%，那么刘总在这 20% 的股份里可以分得 10%，即 2% 的股份。

第三步：进行愿景规划。

如果公司上市了，股东的股份能值多少钱？我们要给股东们算算账。如何呈现这个数据呢？这就需要用到上市市值的预测模型。下面来举例说明。

例如，某公司在 2016 年的可分配利润为 3 000 万元，公司的股份结构是：董事长持 50% 的股份，总裁、副总裁、总监持剩下的 50% 的股份。假设把 2016 年的 3 000 万元利润全部分掉，那么董事长一个人能分 1 500 万元。公司把 20% 的股份拿出来，与子公司的 20 名股东进行置换，那么董事长原本持有的 50% 的股份就变成了 40%。按照每年 50% 的增长速度计算，2017 年公司的可分配利润是 4 500 万元，2018 年公司的可分配利润为 6 750 万元。2018 年，有一家风投出 5 000 万元投资该公司，持有该公司 10% 的股份，并将该公司估值为 5 亿元。董事长原本占 50% 的股份，通过第一轮稀释还剩 40%，风投进入后，董事长的股份还剩 36%，价值 1.8 亿元。到了 2019 年，又有一个风投投资 5 000 万元，占公司 7.5% 的股份，对该公司估值 6.66 亿元。这时，董事长的股份就由 36% 变成了 33.33%，价值约 2.2 亿元。

可见，经过稀释后，虽然董事长所占的股份比例越来越少了，但是股份的价值大大增加了，这就是股权增值。

对于子公司老总（如王五）而言，王五本来有 2% 的股份，第一轮风投进来后，他的股份就由 2% 变成了 1.8%；第二轮风投进来后，他的股份比例进一步减少；公司上市后他的股份比例就更少了。但是，即使按照 50 倍的市盈率计算，他也有 6 320 万元的身价；按照 78 倍的市盈率计算，他就有 9 862 万元的身价；按照 180 倍的市盈率计算，他就有 2.2 亿元的身价了。

至于风投，第一家风投出资 5 000 万元，持有公司 10% 的股份，按照 180 倍的市盈率计算，3 年后如果风投退出，可以从该公司拿回 12.6436 亿元；按照 78 倍的市盈率，3 年后如果退出可以从该公司拿回 5.47 亿元。第二家风投出资 5 000

万元，只占 7.5% 的股份，如果按照 180 倍的市盈率计算，3 年后风投退出，可以从该公司拿回 10.2 亿元；如果按照 78 倍的市盈率计算，3 年后退出可以从该公司拿回 4.4 亿元。

总之，在进行股权激励前，除了要设定技术、设定公司的产业链、规划公司的未来外，企业还应该结合数据算一下账。通俗点说就是，股东是想每年分些钱，3 年后成为百万富翁，还是想 3 年后让自己的身价上亿？需要谨慎地做一个选择。

针对"明日黄花"的激励机制——"金色降落伞"激励法

◎ 创业元老的"金色降落伞"激励法

我们针对创业元老开发出了"股权释兵权"方案。此方案不仅很好地解决了创业元老的退出问题，令创业元老"身不在其位，心却谋其政"；同时又让现任核心高管看到了企业家的商德和智慧。真正达到了"元老安心、高管忠心、老板放心"的激励目的，实现了公司与创业元老及现任核心高管形成利益共同体、事业共同体、命运共同体及精神共同体的终极目标。

在善待老员工方面，中国的很多企业家做得非常好。

100 多年前，山西人在股权激励方面就做得非常到位，只不过他们是典型的身股、银股制。"银股"就是老板们真金白银地注册；"身股"就是"职业经理人"以技术、能力入股，以身为股，相当于现在的在职分红股。下面来看一个案例，是曾经热播的电视剧《乔家大院》中的片段。

> 顾天顺大掌柜为乔家效力了 40 年，20 岁开始打工，30 岁被提拔为大掌柜，在这个位置上一直干了 30 年。到 60 岁要退休的年龄了，想着再不"捞"点就没时间了，于是有了一些不寻常的举动。他不仅打算自己离职，还要带着二掌柜、三掌柜等人一起离职。
>
> 老板了解了相关情形之后，召开了会议，在会上将顾天顺的所作所

为逐一分析。此时大掌柜明白了，他已经犯了无法逆转的错误。但是他内心依然没有恐惧，因为他这么多年来为商号做出了巨大的贡献。但最后的处理结果却出乎他的意料，包括马荀的上台。马荀是一个伙计，为人正直，能力也很强，从一个普通伙计被一步提升到了掌柜的位置。很多人表示不服，因为他们没想到一个小伙计居然当上了大掌柜，都心想："我们哪儿还有什么前途，老板不让我走我也要走了。"顾大掌柜很有智慧，借机挑唆众人："我在复字号效力了40年，就是这样的下场！"他的这句话很有杀伤力，在场所有人都露出了迷茫的神情：我们的未来在哪里？

　　老板此时又出面了："顾爷，我有几句话跟你讲。实际上我们完全能理解你。你当初虽然贪污了点银子，但你贪污银子的目的是给你的老母亲治病，你是个孝子，为了尽孝，你做什么事我们都可以理解，也包括你任人唯亲。咱们商号内部是有管理制度的，任用亲人必须有两到三个二掌柜联名担保才行，而你没有经过任何人同意，就直接把亲戚安插到了店里。当然，后来我们了解清楚了，你也是受你母亲所托，不得不这么做，我们也理解。今天让你离开这里，是考虑到你母亲身体不好，而且你的年龄也大了，离开之后你能好好休息一下。另外，我还为你买了房子，这样你可以把老母亲接过来，方便照顾。还有就是，你不用到柜上来，但是工钱照拿，奖金照拿，分红照拿。"

　　这时，马荀恰到好处地站出来说："再加上一条，以后凡是在这里效力30年以上的掌柜，一律保留身股养老。"其实，当时只有顾天顺符合这一条，所以他感动得不得了。这一条看起来是专为顾天顺设定的，实际上是很好地为商号全员做了职业规划。

从这个案例中我们可以得到哪些启发呢？

　　在企业中，对以下三种人可以启用"金色降落伞"计划：董事、监事和企业的高级管理人员，如签署技术保密协议的企业成果的主要执行者、董事会任命的对企业有特殊贡献者等。当他们离开企业以后，建议让他们继续享有半薪或分红资格。但不是永远享有，可以设定期限，如离职后3年或者5年内。也可以写明激励的原因，在什么情况下离开的，企业会在多长时间之内用多少额度激励他们。

　　需要注意的是，这个针对老员工的"金色降落伞"计划激励的不是当前，而是未来。

◎ 设定老员工在职感恩计划

假如员工在达到一定的工作年限以后仍然在职，那么公司可以根据其职位及薪酬状况，设定一定的提取比例，将其乘以员工的年度保障薪酬或年度全部收入，然后将这笔钱存入员工指定的账户，以感恩员工对公司做出的贡献。

感恩计划的提取方式及比例为，总监及以下，年度保障薪酬乘以提取比例；副总及以上，年度全部收入乘以提取比例。何为"年度保障薪酬"？例如，总监的基本工资是月薪1万元，根据其工龄设定提取比例，如工龄5~10年的提取比例为3%，工龄10年以上的提取比例为5%。总监的年薪为12万元，乘以3%~5%，为3 600~6 000元，将这部分钱存入总监指定的账户。他的指定账户只有两种：一种是其直系长辈的账户，如父亲母亲、爷爷奶奶的账户；另一种是其指定的某慈善机构的账户。可以想象，员工的父母每年春节前收到员工所在公司汇入的钱款，以感恩他们对员工工作的支持，父母心里会怎么想？假设哪天子女说要换一个单位，那么第一个劝他留下的就是他的父母。

◎ 设定老员工退休福利计划

这个计划简单来说就是，如果员工的持续工龄超过20年或30年，那么该员工退休后，企业每个月向他发放相当于他离开前最后12个月月平均工资的1/2或1/3的钱。例如，该员工在职的最后一年的工资总额是12万元，即月薪1万元，那么1/2就是5 000元，1/3就是3 300元左右，1/4就是2 500元。那么，员工要在企业工作超过多少年才可以获得这部分待遇呢？可以根据情况决定。

在实践中，这种方法只能针对某些企业特定的人才使用机制。如何解释呢？现在世界500强企业的平均寿命是40年，中国大型跨国公司的平均寿命是20多年，中国大型集团公司的平均寿命是10~12年；中国民营企业的平均寿命，过去是5年，后来是3年，现在是2.7年。如果没有与众不同的格局、胸怀与高度，凭什么你的企业寿命是其他企业的10倍？

制定上述机制，就是给员工提供一种职业生涯规划、愿景规划，让员工意识到，只要他在企业好好干，这个企业就能养他一辈子。

为什么很多人不想做打工者，而想做老板呢？因为他想为自己留下一份事业。为什么很多企业留不住终身员工？因为员工一旦干不动，就没有收入了。所以类似的激励机制，实际上就是让员工拥有一份终身无虞的事业。

"金色降落伞"计划

对象：

关副总（营运副总）

缘由：

公司创业元老，对公司很忠诚，但因为文化程度不高，管理方法不理想，所以几年来，他所管理的部门业绩一直不佳，并且他与下属也有矛盾。公司尝试过派关副总参加培训等，希望提高他的能力，但效果不佳。公司委派人力资源部王经理与关副总进行协商，试图寻找一个解决的方法，无果。

最后，由张董事长和关副总协商，因为张董事长以前一直是关副总的领导。最终双方同意实行公司最新的股权激励计划中的"金色降落伞"计划。关副总退出现在的管理岗位，退出后的身份为公司顾问。

计划：

关副总的"金色降落伞"计划包括以下几点。

（1）一次性补偿关副总8个月的月薪，共计6 200元×8=49 600元。

（2）签署竞业禁止协议。协议期限为三年，三年内，公司每月支付关副总现在薪资的50%，即人民币3 100元/月。

（3）公司分红权益。赠予关副总2股公司的分红权益（公司现在的总股数为1 000股）。

约束：

在任何时间段，若关副总有违反竞业禁止协议中的任何条款或任何损害公司利益及形象的行为，公司除按竞业禁止协议中的约定追究其相关责任外，同时收回其拥有的在职分红股权益。

针对"未来之星"的激励机制——精神内核激励法

对企业的"未来之星"该如何激励呢？除了前文提到的那些激励方法外，还有一个重要的激励方法，就是打造足够吸引员工和人才的精神内核。通过公司的使命、愿景和价值观，来激励"未来之星"不断进取。

◎ 使命：让人愿意付出一切

使命是一种促人奉献的理想，例如，奉献时间、奉献才华、奉献财富。切记，使命不是用来实现的。因为一旦达成使命，组织就没有了存在的意义和价值。就像人一样，一旦某个人觉得自己的使命完成了，就会觉得生命没有意义、生活没有追求了。

那么，建立使命的目的是什么呢？对外是感召，对内是支持。对外感召一代又一代的人，为了伟大的理想前赴后继、继往开来；对内支持生命的修行。

简言之，帮助别人实现梦想的梦想，就是使命，否则就是欲求。例如，"我今年的销售额要达到5亿元""我要赚5千万元""我要买幢别墅""我要买辆豪车"……这些都不是使命，而是梦想。"我有一个梦想，就是帮助你实现梦想"，那么我的梦想就可以称为使命。

通常来说，大企业家必然有博大的胸怀。很难想象一个人没有博大的胸怀，没有宽阔的胸襟，没有强烈的责任感，却能做出一番轰轰烈烈的事业。一个真正的企业家，不仅要经营好自己的企业，还必须对国家、对民族乃至对全人类有深切的关怀。

当被问及"企业的第一产品是什么"时，有人说"我们是做房地产的"，有人说"我们是做服装的"，还有人说"我们是做餐饮的"……在我看来，上述这些根本不是企业的产品。事实上，企业的第一产品就是老板对人的了解，一个人这一生能影响多少人，就能成就多大的事业。老板影响别人靠的是什么？不是财富，而是精神。因为财富只能影响他人的肉体，唯有精神才能影响他人的灵魂。

综上所述，使命是企业家思想的呈现。人用思想创造自己的世界，外界的一切都是内在思想的呈现。要想口袋满满的，首先必须要让脑袋满满的。如果脑袋是空的，口袋再满也只是上天给你的福报，总有一天会离你而去。当今社会，财富"洗牌"的速度越来越快，但是负责"玩牌"的却是你自己，你不能保证每次都能摸到一手"好牌"。只有当你拥有过人的智慧，具备良好的情绪管控、欲望管控能力，才能创造强大的物质世界。

总而言之，一个企业要想真正长久地发展，离不开三样东西：思想、机制和能力。没有思想等于没有灵魂；有了思想还不行，还要有一个机制；有了机制还不够，还要有能力。既要有能力，又要有机制，还要有思想，这是基业常青的"金三角"，缺一不可。作为企业家，需要改变工作导向，过去是自己做事，现在要让有能力的人为你做事，要从"做事"转向"做人"。做人要敬业，要有思想；做事要具备技能和机会，这是两个层面的事情。

◎ **愿景：心中期望的关于未来的蓝图**

愿，是心愿、愿望；景，是景象、景致。所谓"愿景"，就是心中期望的关于未来的蓝图。例如，"希望孩子能考上北大、清华，最好能到世界各国去看看"，这是你对孩子的愿景；"希望我们国家繁荣富强，人人都能过上幸福生活"，这是国家的愿景；"希望人类和平，地球平安"，这是全人类的愿景。愿景是根据每个人内在的思想形成的，格局有多大，愿景就有多大。愿景不能停留在口号上，而要发自企业家、企业核心团队的内心，是在经营企业过程中要坚守的精神准则和终极信念。

◎ **价值观：终极的信念和精神准则**

使命是一种导航，愿景是一种希望，价值观是一种终极的信念和精神准则，三者紧密相关。跟前两者相同，价值观也不能仅仅停留在口号上。例如，讲到奉献，就要看在企业经营过程中面临决策困难的时候，员工与企业的价值观是否一致，如果员工是以利己为导向，那就与企业核心价值观不一致了。

上文提到过，经营企业的本质就是经营他人的需求，这里的"他人"包括客户、股东、员工和社会。具体而言，经营企业，要看企业为客户提供了什么，为股东提供了什么，为员工提供了什么，为社会提供了什么。

商界领袖马云创造了行业的奇迹，他现在讲的每一句话都能成为网络转发的热点。

他的企业使命是，让天下没有难做的生意。

他的企业愿景是，成为一家持续发展102年的企业，成为全球十大网站之一。如果是100年，很好理解，即百年老店。那为什么是102年呢？理由非常简单，102年是指横跨三个世纪——1999年创业，再过1年就是21世纪，21世纪有100年，再过1年就是22世纪了。

他的企业核心价值观是，客户第一，团队合作，拥抱变化，诚信激情。高管的行为准则和终极目标一旦跟企业核心价值观相违背或者冲突，就必须为企业核心价值观让路。客户第一，一切为客户着想。员工一旦缺乏诚信，欺骗客户，那就立刻走人。

针对企业上下游的激励机制——七步激励法

企业除了要激励内部的员工，还需要对上下游进行激励。为什么呢？在阐释针对企业上下游的激励机制之前，先来看做老板的三重境界。

◎ 做老板的三重境界

三流的老板，是尽自己的最大能力来经营企业。主要以自我需求为工作导向，工作能力突出并且"身先士卒"。他们在经营企业时，各项能力都非常出色，凭着自己的聪明、智慧混迹于商界，最终做到富甲一方，光宗耀祖。

二流的老板，是通过机制的力量把所有人的能力开发出来。这个层面的股权激励机制就不局限于企业内部的员工和股东了，而是可以扩大到上游的供应商和下游的经销商，还可以面向政府、银行这些相关机构，做到行业兴旺大于个体繁荣。

一流的老板，是利用万物的能力。关注宇宙众生的需求，利用天下万事万物，就像诸葛亮一样运筹帷幄，天气万象皆可为其所用。这是最高的境界。

要想真正把企业做好，并非仅仅做好企业内部的激励就可以了，还需要全方位地思考。所谓"激励上下游"，就需要老板从三流境界向二流境界提升。

但凡能成为行业引领者的企业，几乎都有类似的激励上下游的机制。泸州老窖采用的就是激励下游经销商的方法。

> 其实泸州老窖所用的是一个不太新颖的创意，这个创意很多人都能想到，只不过没有企业像它一样使用股权的概念。在现实中，很多企业激励自己的经销商，都会采取返点的形式。泸州老窖做得更彻底一些，它把所有的经销商叫在一起开会，参会者不仅有泸州老窖的经销商，还有在中国做得不错的烟酒代理点的小老板。针对这些小老板的需求，即满足当地消费者需求的同时赚点利润，企业提出了合作的建议。如果跟泸州老窖合作，第一，可以满足他们的利润需求，给予他们绝对大的利润空间；第二，可以让他们成为泸州老窖公司的股东。
>
> 那么，如何让他们成为企业股东呢？泸州老窖推出了一个机制。假

设公司的总股本一共是 10 亿元，预计从公司的总股本中增发 1 000 万股股份，专门给下游的经销商。经销商所获得的股份份额，取决于他为泸州老窖创造的价值。例如，销售额（是指泸州老窖酒的销售额，而不是经销商日常卖货的销售额）完成 100 亿元就配送 1 000 万股股份。换句话说就是，谁有本事一个人从泸州老窖公司进 100 亿元的酒，这 1 000 万股股份就是他的了。

当然，一般的小烟酒店是没有这个能力"独吞"股份的。如果销售额完成了 1 亿元，那就可以获得 1% 的股份，1 000 万股的 1% 就是 10 万股。10 万股的股份要不要花钱购买呢？当然要，而且一分钱都不会少，当初的股份价格是 4.68 元 / 股。那么经销商就会问，既然要花钱买股份，市场价格是 4.68 元 / 股，卖给我的也是 4.68 元 / 股，我凭什么既要进你的酒，还要花钱买你的股份呢？对我有什么好处？

其实，此处所说的股份购买与市场上的股份购买不同。在市场上花钱购买的股份，买了之后有无风险谁都不敢说；而卖给经销商的股份是确保没有任何风险的。只要经销商进了 1 亿元泸州老窖的货，一年之内，经销商可以在任何时间以 4.68 元 / 股的价格把股份买走，进货越多，公司配送的股份份额就越多。当泸州老窖的股份价格超过 4.68 元 / 股时，经销商依然可以用 4.68 元 / 股的价格来购买股份，从而赚取差价。这就是泸州老窖给经销商设立的一个股权激励机制。

这样一来，经销商就会算一笔账：如果是卖其他厂家的酒，就只有利润，厂家不会给经销商配送股份；卖泸州老窖的酒，除了利润，还会有股份的收入，而且没有风险。于是，很多经销商选择了进泸州老窖的酒。

有一年泸州老窖的销售额大涨，企业基本面被市场看好，于是股价就不断上涨，经销商发现股价不断上涨，就更努力地进货、卖货……形成了良性循环。结果那一年正好有"买国窖 1573 赠茅台"的活动，又恰好赶上了中国股票市场的牛市，所以泸州老窖的股票曾一度上涨到 76 元 / 股。当时上海有一家经销商，那一年卖酒倒是没赚多少钱，但是靠进泸州老窖的酒获得了股份配额，把股份卖掉后从中赚的差价就超过了 1 000 万元。

下面再讲两个案例。

安正时尚是目前国内服装界的翘楚，是经营多品牌的服装企业，实行的是集团化运营。它 2017 年一年的总营收利润达到 3.91 亿元，同比增长了 17.7%。到 2018 年 12 月，该公司旗下的店铺已经达到 924 家，覆盖了全国 30 多个省、市、县。

安正时尚的成功诀窍在于，它合理地利用了股权激励的力量，对集团内部高管实行股权激励，同时巧妙地融合了各加盟店和直营店的特点。实施股权激励制度的这一措施充分地调动了公司所有店铺的管理人员和员工的积极性，将公司的利益和股东的利益有效地结合在了一起，进一步健全了公司的激励机制，从而实现了公司的发展战略和目标。

在电器行业，美的集团属于"闷声发大财"的企业。这几年，美的集团的业绩突飞猛进，这与其背后大力实施的股权激励制度是分不开的。通过将集团的主要经营权和所有权分离，保证了上下游企业的利益分成，使全体员工的利益达到了一致，强化了主要员工的主人翁意识，从而在体制上将公司的价值整体提升。

通过配套的内部奖励机制和人才激励计划，美的没有错过企业发展的任何一个关键点。无论是业务转型还是进行新业务并购，都推动着美的集团的利润实现高质量的增长。

无论企业有多么强大，自身的资源总是有限的，所以，一定要对社会资源进行整合利用，调动各方的力量为己所用。而快速调动社会资源的最好方法就是，做好对企业上下游的激励。

◎ 企业激励上下游的 7 个"必须"

了解了激励上下游的重要性后，接下来企业该如何做呢？以下是有关激励上下游的 7 个"必须"。

（1）必须与激励对象坦诚相待。企业为什么要跟上下游合作？目的是什么？所有这一切都需要坦诚相告，越真实越好。如果不能真实地告知，未来必然会被自己挖下的坑所"埋葬"。所以在这个问题上，企业家的出发点必须是好的。

（2）必须讲明企业发展的趋势及背景。大到国际形势，中到国家的宏观政策，小到行业的发展趋势乃至团队的有利资源。在讲解时，一是要把话题讲清楚；二是最好配上图片，不要只用文字来描述，图文并茂才能直指人心。

（3）必须让激励对象明确企业的盈利模式。简言之就是，说明企业靠什么来赚钱。而且这种盈利模式跟同行相比一定是有所不同且更具吸引力的。

（4）必须让激励对象明确企业具体的发展规划。在盈利模式明确之后，怎样一步步向前推进呢？具体来说，包括团队如何组建，各个部门的工作如何开展，市场如何布局，如何开发具体产品，客户服务如何创新，等等，这些都必须让激励对象了解。

（5）必须让激励对象了解投入的回报及风险。有投入就必须有回报，只是回报率的高低不同罢了。作为激励对象，必然了解自己的投入情况。企业必须让激励对象了解投入的回报及风险。投入的最大风险是什么、激励对象能否承受，这些一定要让激励对象心中有数。既要做最好的预期，也要做最坏的打算。

（6）必须让激励对象明确进入的条件。众所周知，双方要想合作，资本要想进入，必然要满足一些条件。俗话说，天下没有免费的午餐，既然想有所回报，就一定要有所付出，所以必须让激励对象明确进入的条件。

（7）必须让激励对象明确退出的机制。如同合作需要条件一样，企业同样需要让激励对象明确在什么情况下可以退出。也就是说，既然能够进入，自然也要能顺利退出，进入和退出都是有条件、有约定的。

上述这7个"必须"看起来很简单，但是要执行得好，却不是一朝一夕的事情。

◎ 信念：坚定不移的感觉

所有的领袖都有坚定不移的信念。领袖和领袖之间比的不是技能，而是信念。所有的领袖都须深知：人们不是追随你，而是追随自己的梦想。领袖对使命的达成、对愿景的实现，必然有坚定不移的信念，甚至变成使命、愿景的化身。领袖自己完全相信使命必将实现，愿景必将达成，而且在做事的过程中，永远追随自己内在的终极信念，完全做到知行合一。

什么是信念？简言之，就是一种坚定不移的感觉。企业家在经营自己的企业时，需要认真回答下面的问题：你坚定不移地相信自己行业的未来吗？在设计企业的愿景、企业的核心价值观，描述企业的使命时，你是否坚定不移地相信自己？

◎ 制订老员工创业计划

针对工龄超过一定年限，已经培养出了自己的岗位接班人，而且被董事会认定对企业有特殊贡献的老员工，可以由企业提供一定额度的创业基金。

员工如果想当老板，企业可以给他历练的时间、平台、资源、渠道、管理体系都为他所用，另外再给他一些创业基金。当然，企业也要提出一点小要求，如企业给员工的创业基金占员工新成立公司不超过20%的股份。这种做法实际上就把未来可能是竞争对手的人变成了合作伙伴。

作为老板，如果一生能培养几十个甚至上百个这样的老板，那么自己的企业做得好不好似乎都不太重要了。

上述这些激励机制，可以使公司的核心高管、老员工，以及对企业有多年贡献的人内心自在，对在职的人和离开的人都是有意义的。

第 4 章

CHAPTER 4

详解股权激励方案的风险与对策

让股权的价值更清晰

股权激励是一把"双刃剑"

不同的持股方式,税收有差别,风险有大小

财务数据不一致给企业带来的信任危机

代持股权不是"神器",股东要慎用

用错股权激励与技术奖励,本想留人却"失人"

激励对象中途离职的风险与防范策略

没有制度约束的股权激励方案风险很大

离职员工股权回购的难题

👉 让股权的价值更清晰

◎ 明确股权的未来价值

某培训公司高管在公司即将上市之际离开了,因为他坚信公司没有发展前途,三年内根本上不了市。但事实是,在对公司整体业务进行统筹规划后,该培训公司也是可以上市的(目前中国培训界的上市公司已经有十几家了)。我对该公司的财务总监说,这是你的工作失误,假设你开发出了一个工具,能够清晰地告诉股东和总经理公司的未来在哪里,核心员工是绝对不会离开的,企业也会减少损失。以此为教训,我们研究出了公司股权价值的预测模型,只要把有关公司发展状况的相关数据输入进去,该模型就能告诉每个股东,他有多少股份、上市后市值如何。

在进行股权激励时,要给激励对象提供一个能测算股份未来价值的工具,帮他把账算清楚。这既是吸引核心员工留下来的工具,也是增强投资者信心的工具。

◎ 给予不可替代人才的激励额度必须大于他的期望

当年我所在的某公司,因为受到一些子公司的限制,股权激励制度不太好实施,所以当时的激励额度不够大,很多人认为再干下去对自己不利,于是纷纷离开。

每个人离开后都各自为战,有一些人在挣扎中求生存,也有一些人早就被市场所淘汰,而当初蓬勃发展的公司也受到很大影响。如果当初公司激励得当,尤其是对某些关键人物的激励到位,对那些能够独当一面的、不可替代的特殊人才破格使用并大胆激励,培训界的历史也许就会被改写。

◎ 股份必须花钱购买

对于大多数人而言,愿意交钱才愿意交心。交多少钱另当别论,但是股份必须花钱买。当年在某公司,我既是方案的设计者,又是激励对象,公司既然没有提花钱购买的要求,我自然不会主动说必须花钱买。当初以为是占了很大的便宜,临走的时候自然也毫不在乎。

假如当初我是花 200 万元买的股份,在离职的时候我一定会提出,把我当初买股份的本金退还给我,这个要求很可能会遭到公司的拒绝。鉴于此,是否要离职，我就会重新考虑。同样的道理，因为股份的价值不是很大，又没有花自己的钱购买，所以大家在离职的时候才会毫不心疼。

◎ 细化约束机制

企业要想留住优秀人才，就必须细化约束机制，鞭策元老与时俱进。

某些公司在发展过程中，有一些元老做出了很大贡献。但是由于公司只有进入机制，没有退出机制，更不存在"135渐进式"激励法，没有任何约束，于是一些股东就有了其他的想法。

例如，当初夫妻二人一起来到公司，每个人都有股份，然后两个人就商量着，老婆留在公司继续发展，老公把股份卖掉出去创业——做得好，家里就有一番事业；做得不好，老婆还有一些股份，公司一旦上市也能卖几千万元，这辈子的生活是没有问题的。于是，就有一批人离开了公司。假如当年公司用了"135渐进式"激励法，那么在公司上市之前，谁都不会离开。而公司一旦上市，人的视野和眼界就更开阔了，也会变得更加优秀，前途不可限量。

又如，公司的一位元老，进入公司之前在一家店面送桶装水。后来公司成立了，他成为首批员工，做课程的电话销售。因为不用像以前那样整天在外奔波，收入也比过去高多了，所以他非常珍惜这份工作，非常努力。公司也很器重他，先后让他在4个地区当总经理。他在公司工作了整整5年的时间，在公司进行股东注册时，他成为股东，但是不久后他离开了公司。离开之后，他开过饭店，也做过饮料，但是时间都不长，最后都倒闭了，把在之前公司赚的钱全部赔光了。

有人说，台风来的时候猪都会飞，但那并不是因为猪本身拥有了飞翔的翅膀，而是借助了风的力量。在一家公司做得不错，并不一定代表你本身就优秀，而是因为这个公司比较靠谱，给你提供了展翅翱翔的机会。

因此，每一个致力于长期发展的公司，都要有一个很好的约束人才的机制。这种机制表面看起来是对人才的严格管理，实际上是对员工最大的爱，让员工能够与公司一同成长，一同享受收益。每一个公司的老板都要从公司层面进行思考：如何形成一套约束机制，能够留住人才，并且鞭策他们与时俱进，不断进取。

◎ 铲除帮派现象

在企业中，一旦出现"帮派"之间钩心斗角，不管这些人曾经为企业创造了什么样的贡献和价值，都要坚决开除。

企业是大家的，每个人都在其中承担着相关的责任和义务，每个人都是企业发展链条上的一环，没有人可以只靠自己就取得成功。所以，在企业这个大家庭中，每一个员工都要成为他人的合作者，任何不和谐的声音都不应存在。员工在工作上可以有不同的意见，而一旦公司做出决策，每个人都必须严格执行。总之，在企业中，每个员工都要把工作和事业放在第一位，而不能以个人情感、哥们儿义气作为工作的出发点。

◎ 关键时刻要勇于做出决定

公司有公司的尊严。假设被员工胁迫着前行，那么这个公司是没有未来的。当然，有些老板考虑到公司的大局，会暂时忍辱负重，几乎答应员工提出的任何条件。但是切记，要在心里做好决定，尽快寻找替代者。

柳传志先生曾经历过这样一件事。当初他外出了一段时间，大概两个月后回到公司，发现一个核心高管在公司做了很多手脚，特别是在财务方面，对公司造成了很大的威胁。柳传志找这个高管谈话，可对方不但不认错，反而有恃无恐。于是柳传志在第一时间整理了资料，将其上告。5年后，柳传志第一时间到监狱门口接他，见面后的第一句话就是问他在牢里有什么感受。这个人说："感谢柳董，当初我非常恨你，连杀你的心都有。但是这5年时间里我想明白了，假设当初你没有送我进来，而是任我在这条路上越行越远，可能今天我就直接被枪毙了。"问及他今后的打算，柳传志不计前嫌地送给了他500万元的启动资金。至今，此人都把柳传志当成智者看待。

华为有一个很年轻的负责技术开发的核心高管，有一天他突然提出辞职，未及批复，第二天就离开了。结果在杭州机场，飞机一落地，他立刻被两名警察押解回深圳。公司给了他两个选择：第一，回到公司继续好好工作；第二，立刻被送进监狱。为什么呢？因为他是公司的技术开发核心员工，手里掌握着公司最新的开发技术，无论他是自己创业还是到竞争对手公司工作，都将对原公司造成威胁。在进入公司之前，他与公司签订了一系列条款，其中包括保密协议、竞业禁止协议等，他没有到就业合同规定的时间就突然辞职，明显是违反了保密协议，所以公司有权利对其进行起诉。如果他不回到原公司继续工作，就要受到法律的制裁。最后他的选择是什么呢？这个小伙子现在依然在华为努力工作，而且干得非常好。

可见，成功的企业家在面对威胁时，从来不会退缩。企业家要有自己的骨气和底线。从个人发展的角度来说，无论何时何地，有不同观点可以交流，但千万不要要挟别人。要挟的结果就是断送自己的大好前程。

◎ 让员工忠于企业，而不是忠于老板

企业绝对需要忠诚的员工，但是有一点需要明确，企业要的不是对某个人的忠诚，而是对企业使命、对工作岗位的忠诚。简言之，员工把自己的工作做好了，就是对企业最大的忠诚。

一般而言，在企业初创时，可以任用亲人、朋友和同学，与自己一起奋斗。但是，随着企业的不断发展壮大，要想持续生存，仅靠这些人是不够的，因此要进行外部招聘。等到企业越做越大，最后做成一个知名品牌时，就要在全中国乃至全世界范围内招贤纳士。这些从全国各地或其他国家来的人，对你而言都是陌生人，你们之间没有任何关系。但是，慢慢地就会有一些人和你走得很近，成为"熟人"，并且逐渐变成你心中的"亲人"。第一圈亲人源自血缘关系，第二圈亲人源自友缘关系或者业缘关系。这些第二圈的亲人，一般来说对你都很忠诚。

但是切记，任何人在为你奉献、付出的时候，他的内心总是有一份期待的，这个期待就是要得到超越他奉献的回报，只不过有些人自己都没有觉察到这一点而已。通常到了年底，老板会给优秀的员工发红包，以平衡他们内心的需求。如果老板不这么做，就会有人不开心，心想：老板变了，过去企业规模小的时候，还发个红包对我们表示认同，如今企业壮大了，离开我们也能转了，老板跟我们的关系就没那么近了……慢慢地，过去奉献得越多的人，此时的抱怨就会越大。其结果往往有以下几种。

第一种结果是，他认为自己已经把老板看透了，因此无法继续合作，只能走人。而离开公司后，他有两种选择：第一，自己创业开公司；第二，跳槽到同行企业。无论是哪种选择，最后的结果都不是老板想要的，都会对公司业务产生影响，或者挖公司墙角，使公司损兵折将；或者争抢公司客户，抢占资源。

第二种结果更加可怕，他会在心中抱怨并愤愤不平，最后做出不应该做的事情。这在大企业里是经常会出现的现象。

清除最后一个只忠诚于你个人的人，这是一个成熟公司的标志。这样做意味着，公司一旦成熟，老板身边几乎没有巴结他、奉承他的人，每个人都以工作为导向，而不是以人际关系为导向。所以，企业提倡员工忠诚，忠诚是企业的理念和使命，也是企业的核心价值观。而在自己的岗位上把工作做好，就是对企业最大的忠诚。

股权激励是一把"双刃剑"

从企业实施股权激励的实际效果来看，股权激励是一把"双刃剑"：执行得好，能为企业带来很多好处；执行得不好，则会为企业带来很多负面影响。

◎ 实施股权激励的正面影响

无数企业发展的事实证明，实施股权激励能为企业带来好处，具体表现在以下几方面。

一、实施股权激励有利于人才聚集

例如，华远地产用股票期权作为激励工具，激励对象为管理人员和普通员工，总激励额度为3 000万股股份。其中，高层管理人员共持有100多万股，普通员工从1万股到10多万股不等。行权期规定，每个员工的认股证按照《香港联合交易所有限公司证券上市规则》的规定，在获授一年后行权，4年后方可卖出，基于服务年限、职务进行分配，如图4-1所示。

激励对象	得分
普通员工	每年1分
部门经理	每年4分
副总经理	每年11.5分
总经理	每年15分

最后个人所得股权数额：

$N=$ 个人得分 × 年限 ÷ 所有员工得分总和 × 3 000万股

获得收益：$R=N(P_T-P_0)$

公式中，P_T 为 T 年后的股票价格；P_0 为行权价格；N 为获得的股票数量。

图4-1 华远地产的股份分配

公司实施股权激励之前，两年的平均员工流失率为15.7%；实施股权激励之后，两年的平均员工流失率降为12.1%。

二、实施股权激励有利于降低人力成本

阿里巴巴集团董事局主席马云在创业之初曾经约谈过一位知名的职业经理人，他需要这样的人才来帮助自己。但是这个经理人上来就要求自己的年薪是200万元。马云跟他说："可能我们之间还不太了解，你来到公司之后可以先签一个协议，我可以给你100万元的年薪，另外100万元用期权的形式给你。如果以后公司上市，可以把这个期权变现，到时候可能会有比100万元更多的分红。但是有一个要求，这个协议要签5年，在这5年里你不能辞职。如果中间退出，这100万元就不会归你所有。"后来这个经理人只干了两年，按照协议的规定，马云只给了他200万元现金，另外的200万元期权被收回。从这里可以看出，股权激励为马云节省了整整200万元。

B公司是一家集产品代理贸易、电气成套产品、产品维修、技术服务等多元化业务为一体的，紧密高效的工业自动化产品综合服务商。公司创立时间不长，但发展速度较快，年销售额和年利润居行业前列。公司的股东目前只有两兄弟，比较单一。员工收入在行业内处于中等水平，竞争力不强。近两年来，市场竞争加剧，公司为了吸引和留住优秀人才，决定对经营管理层实施股权激励。公司股东表示愿意与激励对象共享公司经营成果，激励对象无须出资，但需要通过制度来保证激励对象获得股份后能进一步提升工作业绩。公司按照激励对象的岗位重要性和历史贡献拟定了个人获授期权数量，约定等待期为一年，工作不满一年的员工不能行权。被激励员工在实施此次股权激励之后更加努力地工作，使公司业绩不断提升，公司也达到了留住人才、降低人力成本的目的。

三、实施股权激励有利于合理分配增值利润

小米公司是雷军在2010年一手创建的，并且在几年内将它打造成了蜚声中外的智能手机企业。

雷军作为小米公司的第一大股东,在公司上市后,他将拥有该公司29.4%的股份,并且拥有公司超过一半的投票权。雷军此前表示,从未出售过小米股份,但在即将上市时,小米公司向小米创始人兼董事长雷军授予了90多亿元的股权激励。小米对此回应:这次的股权激励是在雷军完全不知情的情况下实施的,几个董事一致赞成。因为大家看到了雷军在过去8年带着团队,从零开始做到了今天这个规模,同时也改变了中国制造业,这是大家对他的感谢与肯定。

确实,在小米成立以来,雷军一直把控着业务战略和企业文化的方向,监督关键产品的研发,并努力降低生产成本,提高业务效率。小米智能手机在2017年销售额大幅增长,收入较2016年增长了67%,达到了1140亿元,纯利润为53.6亿元。

阿里巴巴集团2018年第二季度的经营利润比往期下降了54%,主要负责人向媒体说明,主要是由于当年用于激励员工的股权激励成本剧增造成的。同时,在对于公司人才的激励方面,股权激励的支出也达到了历史新高。

我国对企业经营者实施股权激励的做法,是借鉴国外经验的"舶来品",初衷都是借此调动经营者的积极性,把企业做好。可是,如果不进行系统的股权激励设计和控制,不仅达不到预期的目标,还会结出不少苦果,令人苦不堪言。

◎ 股权激励的"苦果"

在考察大量股权激励项目的基础上,我们发现,股权激励制度实施后导致的以下几种"苦果"是最令股权项目实施者头疼的。

一、高管所得大幅提升,企业效益大幅下降

股权激励这个"舶来品"在受到中国企业追捧的同时,也出现了企业高管收入大幅提升而企业效益大幅下降的不良后果。众所周知,高管薪酬设计是消除高管与股东之间的利益矛盾的一种手段,使高管在追求自己利益的同时,能够最大限度地帮助股东实现价值的最大化。有统计显示,某些公司的营业额虽然出现下滑,但公司高管的薪酬却呈上涨的趋势。公司高管在实现自己利益的同时,没有实现股东价值的最大化。

Choice 数据统计显示，2016 年高管涨薪的 972 家公司中，有 337 家公司净利润同比下滑，占比达 34%。值得注意的是，上市公司业绩大幅下滑甚至出现亏损，然而其高管薪酬却不降反升。在 337 家净利润下滑高管薪酬却上涨的公司中，有的公司 2016 年的净利润甚至是亏损的。

二、辞职套现成了不少高管的首选

上市公司高管作为公司的决策者和经营者，对公司的实际情况最清楚，对公司股票的实际价值最了解，对公司发展的前景也最明确。当通过种种手段或是乘着股海顺风，眼看公司股价已涨到了顶点时，他们想的第一个问题不是怎样使企业获得进一步发展，而是自己手中的股票该怎么办。

如果要抛，《中华人民共和国公司法》第一百四十一条规定，公司董事、监事、高级管理人员，在任职期间每年转让的股份不得超过其所持有的本公司股份总数的 25%；如果不抛，泡沫破灭，股价下跌怎么办？于是，在有些人看来，最好的选择就是辞职。如果辞职，就能一次性抛售套现。至于企业会受到什么影响，这些人就统统不管了。

> 掌阅科技的前董事长姚文斌的离职，给这个明星企业带来了一次强震，掌舵掌阅科技 8 年的姚文斌在 2016 年 5 月 3 日和 4 日，先后通过深圳证券交易所大宗交易系统分别减持 1 300 万股和 2 300 万股，减持均价为每股 11.27 元和每股 11.06 元，累计套现约 4 亿元，三个月一共从资本市场套现了 9.58 亿元。2017 年 6 月 20 日，姚文彬又通过大宗交易转让给腾讯 5 541.75 万股，再次套现 4.89 亿元。有媒体统计数字表明，上市 5 年，姚文斌实际通过 8 次减持，共套现 23.46 亿元。
>
> 除了姚文斌，其他一些大股东及高管也相继离职套现。有财经媒体统计数据显示，两年内十几位离职的高管从掌阅科技这个"取款机"里累计套现 60 多亿。

三、股权激励变成股权纠纷

在实施股权激励的过程中，不合理或不严谨的操作会引发许多纠纷。

2017年，北京市海淀区法院审结了员工张某与北京某技术有限公司的劳动争议纠纷。张某于2014年4月6日入职，担任技术经理，双方建立劳动合同关系，当日签订劳动合同书及劳动合同变更书。其中，劳动合同变更书中约定，"经双方协商一致，对本合同做以下变更：授予员工张某100 000股期权（注：此处约定为期权）；并在公司统一办理期权证书之时发放期权证书。"针对该期权约定，双方在法庭上各执一词：张某主张双方对于这100 000股期权，曾口头约定没有行权时间限制、行权价格为零，实际上为其授予100 000股股权；而公司主张这100 000股为期权，待公司审批上市后才可行权，对于行权价格则另行协商。法院指出，尽管双方所签署的《补充协议》确认张某拥有100 000股股权，但该协议中明确写明"2014年4月授予乙方（张某）的100 000股权由乙方继续持有"，而双方劳动合同变更书恰于2014年4月签订，约定公司授予张某100 000股期权。基于此，法院选择相信张某与公司所签订的《补充协议》约定确系期权，而非股权，公司险胜。

◎ 股权激励产生"苦果"的原因

股权激励原本是好事，可是为何会结出种种"苦果"呢？有主观原因，也有客观原因；有来自老板的原因，也有被激励者自身的原因。最主要的原因可以总结为以下三点。

一、实施股权激励，既无条件也无约束

企业实施股权激励是有先决条件的，它需要一套严格的公司管理制度和绩效考核体系做支撑。事实上，并非所有的企业都适合进行股权激励，一个企业也并非什么样的股权激励模式都可以操作。所以，企业在进行股权激励之前，要对公司治理结构和治理制度是否健全做出科学鉴定；否则，实施股权激励不仅不能带来预期效果，反而会造成恶果。

浙江某化工有限公司实施了股权激励。该企业主营业务是高档纺织印染剂的研发、生产和销售，彼时正处于高速增长期，开始有风投接洽，

上市也被提上日程。但是，由于公司成立时间不长，发展过快，还没有制定出完善的公司制度体系和绩效考核体系，公司管理比较混乱，老板凭自己的精力已经不能关注到公司的方方面面。为了规范公司管理，老板决定实施股权激励，其初衷是，实施了股权激励，激励对象就是公司的主人，这样一来，不用上级催促，他们就会勤勉地工作。但事与愿违，经过半年的实践，该企业不但没有实现预期的效果，反而使工资费用迅速增加，企业利润急剧下滑。

二、方案设计，既缺审查也无监督

企业能不能做股权激励？什么时候做股权激励？怎样做股权激励？股权激励方案制度实施以后，由谁来监督？

上述所有问题都会影响股权激励方案的实施后果。即使这些问题都能得以很好地解决，但如果只有审查和监督，却无规可循、无法可依，那么同样会影响到股权激励方案的实施效果，最终导致与提高企业效益不对等的"高激励""过度激励"等现象的出现。

既有激励又有约束，才是一个完整和科学的机制。股权激励不像奖金，奖金的设定只需一个粗放的条款即可，而股权激励需要更完善、更规范、更科学的规则来维持其长期激励的效果。如果方案设计得不周全、不合理，就极有可能导致企业陷入困境。

中关村某科技有限公司即将在中关村三板挂牌。公司原本有三个股东，考虑到挂牌上市后股份会有较大增值，公司 CEO 罗平认为，这是一个为大家谋福利和鼓舞士气的好机会，于是在改制过程中吸收了近 40 位员工入股，其中入股最少的只有 3 000 多元，占公司股本总份额的万分之一。但是，公司刚刚在中关村三板挂牌，便有个别小股东以急需用钱为由要求企业主收购自己的股份。而根据《中华人民共和国公司法》的规定：有限责任公司变更为股份有限公司后的一年内，发起人不得转让股份。而这些员工都是在改制过程中入股的，因此都是发起人，无法立即转让股份。最终，企业主被逼无奈，只得先把自己的钱借给员工。

三、股权兑现，既无法规也无制度

对经营者实行股权激励，曾被称为"给经营者戴上了'金手铐'"，目的在于使他们对企业的发展具有长期行为。但现实的苦果告诉我们，事实并非如此。经营者仍会出现急功近利的短期行为，高层管理人员有时为了给自己牟利，甚至有可能采用违规手法，虚报营业收入和利润，"安然事件"就是典型代表。

> 安然事件使近600亿美元市值瞬间消失，众多投资者损失惨重。但是，就在申请破产的前一天，安然的高级管理人员却给自己加了一项价值5 500万美元的现金奖励。而一个星期之前，他们才刚刚奖给自己5 000万美元。

问题就出在股权兑现上，在股权兑现这一环节，企业缺乏必要的、严格的、合理的法规与制度。

◎ 实施股权激励的难点

对于非上市公司而言，除了存在各上市公司实施股权激励时的普遍问题之外，由于还未上市，公司的股票不能在证券市场上挂牌交易，使得公司股票没有市场价格，不能通过证券市场的价格发现功能实时反映公司价值，也使公司股票的流动缺少了实现的平台，变现能力不强。

因此，非上市公司实施股权激励时还是有特定困难的。其困难主要概括为以下几个方面。

一、绩效评价分歧大

绩效评价指标的设计，是制订股权激励计划的基础。公司的股权激励计划是与激励对象所达到的工作业绩挂钩的，所以，如何评价激励对象的工作绩效成为实施股权激励的先决条件。

对于上市公司而言，其股票的市场价格在一定程度上反映了公司的经营状况，所以它为考核员工工作绩效提供了一个重要的参考指标，特别是在成熟有效的资本市场背景下，其作用更加明显。

对于非上市公司而言，在没有股票市场价格这一指标的情况下，应该如何确定公司绩效考核体系，建立考核办法，具体又该怎样计算，怎样与期权激励挂钩，这些都是公司实施股权激励需要面对的最具挑战性的问题。所有不规范、不公平、不公正的绩效考核，不仅不能使股权激励计划充分发挥其激励作用，还会给公司带来内部矛盾，打击员工士气，甚至引发法律纠纷。

二、行权价格难以确定

上市公司实施股权激励，一般的做法是以签订期权协议时本公司股票的市场价格作为期权的行权价基础。

与上市公司不同，非上市公司在制订股权激励计划时，其行权价的确定没有相应的股票市场价格作为定价基础。所以，确定的难度相对要大很多。在实践中，美国的非上市公司通常的做法是，对企业价值进行专业评估，以此来确定企业每股股份的内在价值，并将其作为股权行权价与出售价格的基础。

现如今，我国的非上市公司在具体实践中，一般采用的是以每股净资产值作为主要的参考依据，来确定行权价与出售价。也有一些企业以普通股票的面值来确定。但是很显然，以每股净资产值作为行权价的做法过于简单，而以股票面值作价会使价值失真，其客观性、公正性与准确性都存在严重的问题。

三、持股结构难以把握

实施股权激励涉及员工利益的重新调整。需要考虑的问题包括但不限于，企业用于股权激励的股份总额是多少，企业不同岗位的管理人员、技术人员和一般员工的具体股权激励数量分别是多少，不同级别、不同岗位员工的持股比例是多少，企业用于后期激励的预留股份数量是多少，怎样能使持股结构更科学、更合理、更有效。

持股结构可以说是一个操作难点。因为不合理的持股结构会导致公司股权的流失、控制力的丧失，甚至引发公司内部的权利之争。所以，作为公司的老板，在设计股权结构时，一定要谨慎再谨慎，以避免纷争。

四、行权时间和条件难以设置

股权激励的效用体现在激励对象在行权时所得到的增值，因此，行权环节在整个激励计划中处于核心地位。

作为激励主体，公司能否保证所有股份顺利变现，以及对变现条件的设计是否合理，将影响激励计划的实施效果。

上市公司员工可以在证券市场上出售自己所持有的股票以获取现金，并且由于增值部分来自市场，因此不需要公司的现金流出。而非上市公司在这一点上就显得先天不足，其遇到的主要障碍是变现资金的来源问题。当大量股票同时要求变现时，将给公司带来巨大的财务压力和支付风险。所以，非上市公司在安排行权时间时，必须谨慎、周全地考虑以下问题。

（1）整个股权激励计划的时间是几年？行权期总共分为几个阶段？

（2）首次行权是什么时候？

（3）每次行权变现的股份比例是多少？行权的门槛是什么？

……

针对上述问题，公司应该有原则性、规范性的规定，从而使股权激励计划起到其应有的长期有效的作用。

五、员工作为股东的进退机制难以明确

随着公司的发展，公司经营管理者及其他员工将会不断发生变化。有员工离开公司，也有新的员工进入公司。

根据员工持有股份的初衷，离开公司的员工就应该归还公司股份，而新进的员工应该持有股份。但是，由于是非上市公司，不能借助股票市场中介来买进或卖出该公司股票，因此股东的进退机制很难明确，将面临如下实际困难。

（1）股东离开企业，其在企业的股份如何兑现？

（2）离开后，股东所持股份是由继任者购买，还是由其本人继续持股享受分红？假设是由继任者购买，能否按原价购买？退出的期股价格如何评估？

……

此外，非上市公司一般都以有限责任公司的形式出现。与股份公司不同，有限责任公司是一种人合公司，也就是说，其中任一股东的进入与退出，都应该征得其他股东的同意；而股份公司是一种合资公司，股东的进入与退出受到的限制相对较少。

总而言之，非上市公司的股东退出及新股东的进入，在操作层面上比上市公司要复杂得多。

六、难以建立员工与领导间的信任机制

上市公司会定期公布公司财务信息，使公众了解公司的经营情况。

非上市公司一般不会聘请外部审计机构进行审计，公司的财务资料缺乏公信力。即使公司的财务状况经过了外部审计机构的审计，员工对于财务报表的真实性及可靠性也会产生怀疑，如公司公布的年度销售额、利润额、负债额和现金流量等，员工都会持怀疑态度。而如果这些数据都难以令员工信服，那么公司的分红、股份计算的真实性就更加难以令人相信。这会极大地损害股权激励的权威性。另外，公司在一般情况下，并不愿意将所有财务信息公之于众，而且，公布的财务信息也并非越细越好。

鉴于此，非上市公司如何建立一种完善的财务信息披露机制及领导与员工之间的信任机制，既能使员工获悉一些必要的数据并相信其真实性，又能保护公司的商业机密？这也是非上市公司实施股权激励过程中的又一重大难题。

一个有智慧的企业家要想实现企业的基业常青、永续经营，必须借助优秀的团队和科学的管理，归根结底，就是要导入股权激励机制。另外，企业家也必须根据企业所处的行业和发展阶段的不同，以及激励对象和群体的不同，组合定制适应本企业实际情况的股权激励机制。

同时，我们应该清楚地认识到，股权激励是一把"双刃剑"，关键在于如何合理地运用。作为企业的掌控者，企业家要谨慎、科学地运用股权激励这把"双刃剑"，加强对自身领导能力和魅力的修炼，唯有如此，才能充分实现股权激励的最大价值。为了实现上述目的，企业家需要不断学习，努力进取，提高自身素质。尤其是在股权激励这个关键问题上，企业家需要付出更多的时间去掌握相关的知识和技能，并在实践中不断地积极调整。

总之，无论企业处于哪一个发展阶段，是在创业初期、成长期，还是处于经营困境，都可以通过积极、有效地导入股权激励机制，助力企业快速腾飞。

不同的持股方式，税收有差别，风险有大小

非上市公司员工的持股方式通常包括个人直接持股、通过有限合伙企业间接持股和通过有限责任公司间接持股三种。

一、个人直接持股

公司员工（激励对象）本人直接持有公司股份，成为《公司法》中规定的股东，法律地位与创始人及其他股东平等，依法享有股东应有的资产收益、参加股东会议、行使表决权、选择管理者和参与公司决策等权利。

员工直接持股的模式如图 4-2 所示。

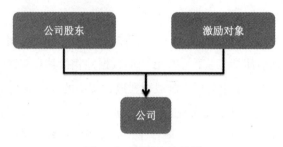

图 4-2　员工直接持股

二、通过有限合伙企业间接持股

通常是指通过成立有限合伙企业来间接持有被激励员工的股份。有限合伙企业的合伙人包括普通合伙人（General Partner，GP）和有限合伙人（Limited Partner，LP）。普通合伙人担当管理职能，与普通合伙人相比，有限合伙人仅作为出资方，只享有经济收益。

通过合伙制企业间接持股的模式如图 4-3 所示。

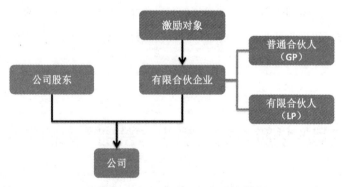

图 4-3　通过合伙制企业间接持股

三、通过有限责任公司间接持股

通过由员工共同出资成立的有限责任公司来间接持有主体公司的股权,其模式如图 4-4 所示。

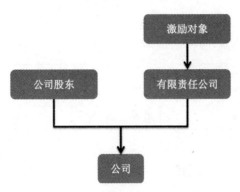

图 4-4　通过有限责任公司间接持股

◎ 不同持股方式的税收差别

1. 员工直接持股的税负最低

关于限售股转让的所得税税率为 20%,如按核定征收,则为 20%×(1-15%)= 17%。而关于在限售期内股息红利的个人所得税税率为 10%,解禁后个人所得税税率为 5%。

2. 通过合伙制企业间接持股的税负成本较重

关于限售股转让的所得税,自然人合伙人按 5%~35% 的累进税率征收,部分地方按 20% 的税率征收。关于股息红利的个人所得税税率为 20%。

3. 通过有限责任公司间接持股的税负最高

关于限售股转让的所得税,如果不考虑税收优惠和税收筹划,则税率为 1-(1-25%)×(1-20%)= 40%。限售股转让的营业税税率为 6%。关于股息红利的个人所得税税率为 20%。

营改增后,转让限售股属于转让有价证券,应当纳入增值税的征税范围,增值税的一般纳税人应按 6% 的增值税缴税。对于原始股,限售股的买入价主要以 IPO(首次公开募股)的发行价为准。

总的来说,持股方式不同,综合税负也不同。三种员工持股方式的综合税负对比如表 4-1 所示。

表 4-1　三种员工持股方式的综合税负对比

综合税负	员工直接持股	通过合有限伙企业间接持股	通过有限责任公司间接持股
限售股转让个人所得税	20%，如按核定征收则为 20%×（1-15%）=17%	5%~35%，超额累进税率，部分地区为 20%	1-（1-25%）×（1-20%）=40%
股息红利个人所得税	10%，解禁后 5%	20%	20%
限售股转让营业税	无	6%	6%
综合	税负最低	税负成本较重	税负最高

◎ 不同持股方式的风险比较

不同的持股方式有不同的风险，这些风险主要来自价格、流动性、税收及企业经营过程中的风险。

1. 价格风险

由于我国企业员工的工资普遍偏低，员工储蓄有限，很难一次性支付股金，很多企业都是以赠送或者低价出售的方式将公司的股份转让给内部员工的，这就使企业需要承担很高的价格风险去实施员工持股计划。另外，员工持股计划需要考虑税收政策的变化。

对企业来说，三种持股方式的价格风险为：个人直接持股＜通过有限合伙企业间接持股＜通过有限责任公司间接持股。

2. 流动性风险

非上市公司在员工持股计划中可能会出现由于持股员工退出和公司股东赎回股权而导致的现金不足的风险。企业在制定自身管理规则时如果缺少对股权授予、流动及退出的全局展望，则会导致一系列风险，包括企业的激励约束会失败，企业的股权会外流，甚至还有可能被恶意收购。对企业来说，三种持股方式的流动性风险为：个人直接持股＞通过有限责任公司间接持股＞通过有限合伙企业间接持股。

3. 经营风险

在员工持股计划中，如果个人直接持股的股东过多，通常会分散企业的决策权，降低企业的决策效率，失去激励和约束作用。而有限合伙企业和有限责任公司所面临的经营风险主要来自政策方面。

对企业来说，三种持股方式所面临的经营风险为：个人直接持股＞通过有限合伙企业间接持股＞通过有限责任公司间接持股。

非上市公司的股权激励采用哪种方式，应当结合本公司的实际情况来选择。从企业的角度来讲，股权是公司最重要的核心资源，是公司所有权的保障；从股权设计的角度来讲，股权涉及公司管理的各个方面，重要性不言而喻。如果股权设计不当，不仅会偏离激励的初衷，还可能会引起一系列纠纷，为企业经营带来隐患。

财务数据不一致给企业带来的信任危机

商场如战场，有时候一个有意或无心的举动，就会产生蝴蝶效应，给企业带来不可估量的影响。尤其是对于实施了股权激励的企业来说，股权分红直接关系到员工的切身利益。如果股权分红标准与工商税务申报数据不一致，就会面临两方面的风险：企业诚信的丧失和员工工作积极性的下降。

◎ 企业诚信丧失，名誉受损

财务数据是股权分红的基础，只有保证财务数据的准确性和真实性，才能确保股权分红的公平性。如果企业的财务数据没有经过审计，那么激励对象对其得到的股权分红必然会持怀疑态度，对企业诚信自然也会产生质疑。

有一家数码电子产品生产企业经营了十多年，在行业里小有名气。企业老板思维活跃，比较容易接受先进、新颖的经营理念。他学习了关于股权激励的知识后，在企业导入了股权激励制度。一年后，企业业绩果然有了明显提升，核心高管也如愿拿到了分红，工作更加卖力。第二年，在员工们的共同努力下，企业业绩比原定目标又高出一截。在巨大的利益面前，企业老板动了私心，他认为高管们拿得也不少了，于是省略了财务审计，向工商和税务部门申报的利润金额低于实际利润金额。

但是，要想人不知，除非己莫为。这事被高管们知道了，他们集体向企业提出抗议，最后企业老板不得不给他们补全分红。虽然拿到了该拿的分红，但是这事让大家对企业的诚信产生了质疑，企业的声誉在行业里也受到了影响。

人无信不立，企业也同样如此。那么，要怎样避免信任风险呢？

1. 制度要透明

透明的制度是人性贪婪最好的"牢笼"。制度越透明，能钻的空子就越少。这样无形中就约束了企业老板的私心，对于企业员工也能起到一定的监督作用。股权分红应当有明确、透明的标准，这样企业内部才不会上下猜疑。

2. 财务要审计

股权分红应当建立在平等互利、诚实守信的基础上。企业为减少税款而采取合理的避税手段，这无可厚非，但股权分红应当以实际审计的财务数据作为标准，不要隐瞒员工。否则一旦被员工发现，他们便会有一种被愚弄的感觉，从而与企业离心离德，股权激励也会失去效果，甚至起到反作用，最后导致企业分崩离析。

◎ 员工工作积极性下降，人才流失

员工对公司的信赖和认同是以双方相互信任为基础的。作为利益核心的"财务数据"一旦出现弄虚作假的情况，在股权分红上没有按原定标准给员工激励，那么毫无疑问，会直接打击到员工的工作积极性，甚至导致员工离职，造成企业人才流失。这样的股权激励只会适得其反，还不如不做。

赵总是一家服装企业的老板，公司成立10来年，业绩一直稳中有升。为了进一步加快企业发展步伐，争取3年内上市，赵总在2016年对企业核心管理层实施了股权激励。但是因为财务部门的疏忽，企业向税务部门申报的利润数据低于实际数据，这导致了管理层的不满，他们纷纷提出质疑，认为赵总试图用缩水的数据蒙骗他们。

最后赵总督促财务部门重新审计，并且根据审计后的财务数据对核心管理层进行分红。自此，这场因数据不一致导致的分红风波才渐渐平息下来。核心管理层看到了企业老板的诚心，重拾工作热情，企业效益蒸蒸日上。

股权激励机制就像一个充饥的大饼，员工们之所以有工作热情，就是因为对这个大饼抱有期望，希望有朝一日也能分享其美味。如果大家同心协力做出了这个大饼，老板却只给员工咬一小口，那么谁还愿意继续拼命工作呢？

所以作为企业老板，对于激励对象要做到奖罚分明、言而有信。员工业绩做得好，该给的分红就要给得痛快一点，不要拖拖拉拉，更不要在财务数据上做手脚。要知道，世上没有不透风的墙。放眼国内外所有成大业的优秀企业家，都有广阔的心胸和长远的目光，而不是只盯着眼前的蝇头小利。唯有如此，才能将人才聚拢在身边，才能让企业长远发展。

代持股权不是"神器"，股东要慎用

现代商业社会复杂多变，很多企业出于某种原因（或者用于员工股权激励，或者用于规避法律规定的股东数量限制，或者用于掩盖其他法律关系，等等），选择通过股东代持股权的方法进行股权设置。然而股权代持并非"万能神药"，也面临着很多方面的风险，主要包括股权代持协议无效、股权激励方案无法落地实施、名义股东（也称显名股东）风险和实际股东（也称隐名股东）风险。

先来说说名义股东和实际股东都会面临的两大风险：股权代持协议无效和股权激励方案无法落地实施。

◎ **股权代持协议无效**

我们通常认为，只要是双方自愿签署的协议，就具有法律效应。但事实并非如此，不是所有文件只要签字就能受到法律保护。例如，不符合法律法规的股权代持协议，即使签了字，也属于无效协议。

《中华人民共和国合同法》第五十二条规定，有下列情形之一的，合同无效：

（一）一方以欺诈、胁迫的手段订立合同，损害国家利益；

（二）恶意串通，损害国家、集体或者第三人利益；

（三）以合法形式掩盖非法目的；

（四）损害社会公共利益；

（五）违反法律、行政法规的强制性规定。

张某是某市公务员，想赚一点"外快"，于是决定投资好友王某的公司，但限于《中华人民共和国公务员法》的规定，张某不能从事或参与营利性活动，于是他想到了一个办法：双方签订了一份股权代持协议，约定张某为投资方，王某作为其股权的代持人。后来张某和王某闹僵，张某想要回当初的投资款项，依据就是当初双方共同签订的股权代持协议。王某则因该协议"以合法形式掩盖非法目的"且违反法律规定而主张某的提议无效。张某的投资最后只能"打水漂"了。

上述案例说明，如果企业出于规避特殊身份（如公务员）或行业限制，以股权代持为名，行掩盖其他法律关系之实，或者以转移、隐匿财产等为目的，而选择股权代持，那么协议本身就违反了法律规定，属于无效协议。

所以，要想规避这类风险，在签订股权代持协议时，就应当遵循相关法律法规，审慎识别股权代持协议签订各方的主体身份，避免因签订协议的主体不符合法律规定而使协议失效的情况发生。

◎ 股权激励方案无法落地实施

未经股东会通过的股权激励方案无法落地，也容易产生纠纷。

徐某是一家有限责任公司的大股东兼法人，持有公司50%的股份，其中10%的股份为其代公司全体股东持有，用于奖励员工。徐某因个人原因看好户某，而股东会其他成员并未与其达成共识。几次交涉未果，徐某怕在户某面前丢了面子，便私下与户某签订股权转让协议，赠与户某8%的公司股份。事后，徐某在股东会上提起此事，但股东会认为徐某的这种行为并未取得股东会许可，只能认为是徐某将个人所有的50%股份中的8%赠与户某，属于个人赠与行为，而非属于员工激励行为，不能动用其代持的10%的股份。既然是个人赠与行为，那就应该让徐某自己私下解决，不宜在股东会上公开讨论。这导致户某迟迟办理不了股权变更登记手续，也就无法真正获得公司股份。最后双方只好通过法律途径解决。

在判决时，法院认为公司存在违约行为，该股权转让协议被判定解除，最后户某没有得到公司的股份，但是获得了8%股份的折价赔偿。

案例中，徐某在转让股份时没有表述清楚是转让自己持有的股份，还是代持的股份，同时也没有与公司其他股东达成一致，最后导致签署的股权转让协议不能落实，让自身处于尴尬的境地，最后也给公司造成了损失。

实施股权激励属于企业的重大决策，需要经过全体股东审议通过才能实施。最好提前与公司内部的其他股东沟通好，取得授权协议。如果因为没有和其他股东协调好而造成矛盾，会使实施计划的大股东处于尴尬境地。

以上是名义股东和实际股东都可能面临的风险，接下来讲解这两种股东分别可能面临的特殊风险。

◎ 名义股东面临的特殊风险

股权代持协议中，实际股东做出决策，行使权力的往往是名义股。在企业的运行过程中，名义股东要承担相当大的风险。

1. 被公司股东或债权人追索出资

企业名义上的出资人就是名义股东，因为股东名册中不会出现实际股东，所以债权人追偿债务的对象自然是名义股东。从这一点来说，名义股东面临着在企业经营不利等情况下难以退出企业的风险。

2. 因代持行为违反实际股东意愿而被追偿

名义股东在实际经营过程中，会面临因某项决策、行为不被实际股东认可，而导致实际股东事后要求名义股东就此赔偿其损失的风险。

3. 核心成员显名风险

一些企业为激励和留住核心人才，但又不想改变公司的股权结构，就会选择与核心人才签订股权代持协议，从而使核心人才成为公司的"隐名股东"。然而法律并无具体的隐名股东显名限制条件，隐名股东可以持其代持协议要求成为显名股东，这样就破坏了企业股权的稳定性。

为了规避此类风险，股权代持协议最好明确各方享有的权利、应承担的责任和应取得的利益。在权利方面，应强调名义股东享有的权利必须经实际股东同意并以书面方式授权方能行使，并且最好告知股东会；在责任方面，主要是违约责任，应避免名义股东侵害实际股东的权益；在利益方面，应将关于名义股东的股权、财产权排除在外，避免因名义股东出现意外而使实际股东追索困难的情况发生。

◎ 实际股东面临的特殊风险

实际股东作为实际投资人，面临的风险往往也是最大的，其风险主要来自选择了不靠谱的名义股东，导致自身权益受到侵害。具体表现为以下几种情况。

1. 名义股东拒不转交投资收益

实际股东投资的目的一般是取得企业经营的收益，代持协议中通常也会表明收益的分配等条款。但如果名义股东不靠谱，对企业经营产生的收益起了贪念，那么他就有可能违反协议，拒绝转交实际股东的投资收益。

2. 名义股东擅自转让或质押股权

对内来说，名义股东应该对实际股东负责，其所做出的一切法律行为都应向实际股东汇报，在做出一些重大决策前必须先经过实际股东的同意。对外来说，名义股东是企业法律上的股权所有人，可以行使这部分股权的权利，外人也并不清楚这些股权的实际情况，只能根据登记公示的文件进行认定。因此，当名义股东故意转让或抵押这部分股权以牟取私利时，实际股东的权利很难得到保障。

3. 名义股东滥用股东权利

我国法律规定，公司的股东享有资产收益、参与重大决策、选择管理者等权利，而名义股东作为公司名义上的股东，对公司拥有很大的控制权。如果其有意侵害实际股东的利益，那么在未经实际股东同意的情况下滥用股东权利，造成的损失也是很大的。

4. 代持股权被强制执行

名义股东因债务等问题成为被执行人，其名义上持有的股权可能会被查封并用来清偿债务等，虽然实际股东还可以对其进行追偿，但在名义股东破产清算的情况下，其还款能力通常难以补偿实际股东的损失。

虽然法律承认股权代持协议有效，但实际股东无法直接影响企业，必须通过名义股东才能主张自身权益，这就存在一定的局限性。而实际股东要成为公司的股东，必须通过一系列的法律程序。所以，为有效保护实际投资人的合法权益，可以及时向企业股东会披露股权代持协议的情况，争取让公司董事会出具相关书面证明，如同意名义股东转让股份给实际股东并放弃优先购买权等证明。

股东代持股权虽然存在风险，但是伴随着时代发展而诞生，还是有其可取之处的，只要能控制风险，就能化弊为利，让其更好地为企业服务。

用错股权激励与技术奖励，本想留人却"失人"

"千金何足惜，一士固难求。"在市场经济迅猛发展的今天，知识经济已经成为决定经济发展的主导因素。而人是知识的载体，高素质的创新型人才在企业中占据着不可撼动的核心地位。尤其是科研人才，他们是企业科技创新的核心力量，推动着企业在经济社会不断创新与进步。

得人才者得天下，很多企业已经充分意识到这一点，并通过股权激励或技术奖励等方式来留住科研人才，为企业创造更大的价值。但在实施过程中，很多企业老板容易将股权激励和技术奖励混为一谈，结果导致事与愿违。更有甚者，还会导致双方产生纠纷，最终对簿公堂。

前面的章节中已经讲过，股权激励不能等同于股权奖励。股权激励比较侧重于激励，致力于未来，这种机制的评判标准更多的是对于未来的创造。而股权奖励恰恰相反，主要着眼于对过去的贡献，致力于打造企业内部的公平、和谐氛围。"奖励"强调的是公平，而"激励"则注重效率。

如果将二者混淆了，那么企业可能会面临以下三个方面的风险。

一、错把奖励当激励，弱化员工积极性

现在很多企业的老板已经意识到股权激励的好处，也都紧跟潮流，在自己的企业里实行股权激励机制。但是在实施过程中，他们往往只考虑到员工对公司已做的贡献，而没有考虑到员工未来可能为公司创造的价值。

这种"论功行赏"的股权分配机制，实质上只是股权奖励，而非股权激励。这在一定程度上可能会打击那些未来能给公司创造更大价值的员工的积极性。

一家化工企业为了激励核心员工的创新精神，提高企业效益，计划在公司实施股权激励。表4-2所示为这个企业的股权占比情况，设计思路是根据员工的在职时间与职务来分配。

表 4-2　股权占比情况

姓名	职位	入职年数	占股比例
小黄	财务总监	6	25%
小张	人力资源总监	6	25%
小王	运营总监	4	20%
小李	研发1部经理	6	20%
小刘	科研2部经理	3	10%

从表 4-2 中可以看出，工作年限越长，岗位职能越高，获得的股权越多。这就是企业老板基于所有人过去的贡献做出的安排。这对于一些后成立的研发部门来说，无疑会弱化他们的积极性。因为从对公司未来的贡献值来看，研发部门只要研发出一款新产品，就可能会给公司带来巨额利润。所以这样的股权激励方案更多的是实现了奖励功能，与激励显然还存在一定区别。

而这种奖励机制有时不但起不到积极作用，反而会因"论功行赏不公"而引起很多内部矛盾。最终公司股份分出去了，却没有达到预期效果，这就是将股权激励和股权奖励混为一谈的风险之一。

二、错把激励变奖励，导致股权分散

错把激励变奖励，导致股权分散，这是实施股权激励过程中行业老板会犯的最大错误之一。

实施股权激励就像分蛋糕，蛋糕毕竟有限，怎么分配是个大问题。作为企业老板，对人才的贡献值应该做到心中有数，这样在做股权激励时就能做到全盘谋略、顾全大局，让股权结构更为合理。

如果企业老板没有做好股权结构的顶层设计，把股权激励当成了奖励，拉进一个人才就分配一份股权，这样很容易导致股权分散。而股权分散就意味着失去了权威。企业决策和管理脱离了所有者的掌控，大家都会有"搭便车"的心态，到了关键时刻，便没有人能主持大局了。

某儿童教育机构的两位创始人分别占股70%和30%，后期因人才匮乏、项目资金不足等问题，陆续拉进技术研发副总经理、营销副总经理和品牌副总经理、课程设计总监、活动策划总监、项目策划总监等多位合伙人。

虽然人才和资金到位了，但是股权最终也分散为40%、20%、10%、10%、6%、5%、5%、4%。后来公司在很多决策会议上，因股东之间意见不合，导致决策效率低下，严重影响公司发展进度，公司业绩不见起色，创业资金日渐减少。虽然众多合伙人一直苦苦支撑，但终究没能撑到天使投资抛来橄榄枝的那天，公司只好宣布解散。

由此可见，企业所有者千万不能把自己的大部分股权用于激励而分配出去，在创业初期就要考虑好股权分配问题。如果将股权激励与股权奖励混为一谈，那么必然会给企业带来无法弥补的损失。

三、激励和奖励不明确，引起误会和纠纷

作为科研人员，如果成功研发出某项技术或新产品，就有可能获得专利，而专利能带来额外的利润。对于这些额外利润，公司会单独给科研人员一定数额的奖金，这笔奖金是作为技术奖励还是包含在股权激励中，要提前明确，以免双方产生误会。

小张是一家生物技术公司科研部的负责人，因为其工作内容的重要性，公司给予小张10%的股权作为激励。小张和团队历经数月，研发出了一款衣物生物酶除菌剂，该技术获得了专利，为公司带来巨大利润。

根据《中华人民共和国专利法》第十六条的规定，对于职务发明创造的发明人，单位在专利实施后，根据发明创造专利推广应用的范围和取得的经济效益，给予合理的奖励和报酬，以资鼓励。

小张要求公司给予研发部门100万元作为奖励，而公司认为这些奖励已经包含在股权激励中了，但是小张认为双方签订的股权激励协议只是对工作方面的激励，并没有提到专利获利后的奖励问题。双方争执不下，最后对簿公堂。

在股权激励协议中，对于分配给科研人员的股权是否包含科研人员技术研发成果的奖励或报酬，应该有明确的条文约定。这样激励对象便不会产生误会，公司也能避免这些无谓的诉讼。

激励对象中途离职的风险与防范策略

企业为了激励并留住核心人才，会实施股权激励计划，使核心人才具有主人翁意识。通过将个人利益与公司利益捆绑在一起，以达到使企业长期稳定发展的目的。

但是，人心难测，世事难料，股权激励并非万能，难免会有激励对象中途离职，从而给公司带来无法弥补的损失。这些损失主要体现在以下三个方面。

一、人才流失，运营受阻

激励对象离职，会带来一系列负面效应。通常情况下，激励对象必然是在公司有着重要地位的高层或者是对公司有着特殊贡献的员工。这类激励对象在企业内部具有一定的影响力和号召力，其离职会带来蝴蝶效应，使团队士气涣散，影响其他员工的工作状态，甚至会带动其他员工跟着离职，从而出现人才断层、后备力量不足的现象。

激励对象的离职也会影响企业的正常运营。新人接手工作势必要经过一个适应过程，这无形中就影响到了企业的运转。

> 某知名连锁饭店非常重视新人培训，经常出资培训员工，截至2014年，已经组织了5届员工培训。但因内部矛盾严重，致使核心员工先后跳槽，公司将近10%的老员工也都跟着离开。面对大量人才流失，饭店现在也无心组织培训，担心培训后的员工"翅膀硬了"留不住，为他人做嫁衣。因此，员工水平与技能每况愈下，公司口碑也越来越差，致使经营陷入危机。

那么，企业要如何避免人才流失的风险呢？

企业最重要的一项工作是，做好激励对象的岗位离职风险评估。一方面，企业要充分评估激励对象中途离职可能带来的损失和风险，建立关键岗位的后备人才库，便于各部门做好协调和工作交接；另一方面，企业要做好与员工的对话和沟通，丰富员工的生活，让员工有归属感，与企业产生感情。

二、内部机密泄露，企业声誉受损

激励对象离职可能会造成公司内部机密泄露。不论是技术机密、客户资源，还是管理理念等，如果落到竞争对手手里，都会给公司带来无可挽回的损失，严重危害公司的生存与发展。

> 王总在2014年创办了一家广告设计公司，经过4年的打拼，公司积累了一批忠诚的客户。公司80%的收入都来自这些老客户的订单和老客户推荐过来的新客户。公司的创意总监胡总跟随王总做了2年，但两个人渐渐都有了私心。
>
> 有一次，两个人在某个广告创意上起了争执。王总觉得自己非常了解这个老客户的心理和需求，应该听从他的建议。而胡总认为，自己负责创意，就应该选择自己辛苦做出的创意方案。虽然最后还是遵从了王总的意见，但是胡总心生不满，本该在年底能拿到股权分红的胡总放弃了分红，选择了中途辞职。
>
> 胡总在离开时偷偷带走了公司所有客户的资料，并且在私下给这些客户都发了短信，言下之意是，王总自己没有能力，之前的广告创意都是他做出来的，欢迎客户以后跟他直接合作，会在价格上给予优惠。胡总的做法让王总的广告公司流失了一大批客户，公司声誉也受到很大影响。

从这个案例中我们能清楚地看到，激励对象的离职不仅会带走一批客户，而且他的不当言行会对公司声誉造成很大的破坏。要知道，离开企业的人自然会对企业有一些个人看法，对企业存在的问题也存在诸多评价，这些看法和评价多多少少会给企业带来一定影响，甚至会威胁到公司在行业内的声誉和地位。这些对于公司来说，都是潜在的风险和无形的代价。

对于这样的风险，企业要防患于未然，要建立好客户的档案及数据库，所有客户由公司统一管理。做好品牌建设，提升自身的影响力和知名度。可以将核心竞争力打散、拆分，而不要过度依赖一个人。技术的研发可以找团队共同完成，核心资料要由公司统一保存等，要在流程和制度上做好防范。

三、股权和利益纠纷

激励对象离职时,如果双方在股权激励协议中没有明确规定退出机制,就容易出现股权和利益纠纷,企业一不小心就会付出巨额代价。

曾经红极一时的丁香园可能是一家很多人并不知道谁是 CEO 的公司,一度驰名互联网圈。冯大辉于 2010 年加入丁香园,当时他放弃了支付宝首席 DBA 的优质工作,以及其他优质的潜在工作机会,进入了初创的丁香园,当时的他必然是希望自己在未来能够得到高额回报的。2016 年,冯大辉从丁香园辞职,那时他已经带领丁香园从一个合作论坛做到了拥有几千万用户的互联网公司。然而,在他离职时,由于股权分配问题与丁香园展开了拉锯大战,并在当时引爆了舆论对于创业公司股权激励退出机制有效性的关注。

四三九九网络股份有限公司之前的 CEO 曹政,在离职时也爆出自己与公司存在的股权纠纷问题。公司与之签订的 1.5% 的股权变成了 0.015%,这让他觉得自己受到了严重欺骗。

现实中这样的案例比比皆是。从公司方面来看,人都不在公司了,股权自然要还回公司。而持股员工则认为,自己曾经用汗水浇灌出的成果,当然有资格继续享受。但是因为双方也没有事先约定,所以,面对这些"公说公有理,婆说婆有理"的矛盾,企业必然要花费大量的时间和精力去处理,甚至要付出巨额代价来平息事态,以挽回公司名誉,维持公司正常运转。

股权激励是一个比较复杂的事情,要想避免这样的利益纠纷,企业在制定股权激励机制之初,就要统筹安排,根据企业实际状况来决定什么时候开始、什么时候结束,以及制定什么样的激励方案,不能简单地承诺股权。尤其是在法律方面,要有完善的股权退出机制,以此来减少激励对象离职后因为利益纠纷而给企业带来的困扰。

没有制度约束的股权激励方案风险很大

很多人对股权激励还只停留在美好的激励效应上,对其可能带来的风险却没有深刻的认识。导致的直接后果就是,公司在实施股权激励时,制度不够完善,没有详细的考核评估办法和进退机制。这种没有制度的股权激励方案,隐藏的潜在风险犹如蚁穴,千里之堤一不小心就会被摧毁,给激励对象或者企业造成难以挽回的损失。

没有制度的股权激励方案都是空口无凭,实施起来可能存在这些风险:员工利益受损、企业利益受损、员工与企业产生利益纠纷。

一、员工利益受损:"君子约定"未必真君子

在当今社会,股权让人"一夜暴富"的案例时常见诸报端。这让很多人对股权都抱有一份期待。如果一家比较有发展前景的企业老板说一句"跟我一起做,不会亏待你的,到时候给你分股权",很多人可能就会很兴奋,觉得机会砸到自己头上了,甚至连一纸协议也没有,就激动万分地投入企业了。然而,就因为这种"心大",很多时候虽然为公司做出了巨大贡献,但结局未必是美好的。

> 小王是个IT工程师,毕业后在一家外企做通信软件开发工作,因为技术过硬,工作踏实,颇受领导赏识。一个偶然的机会,小王通过朋友认识了游戏公司的秦总,秦总表示很欣赏小王的才能,承诺如果小王加入他的公司,就给小王5%的期权。小王一心想创业,很快就跳槽到了秦总公司,也没有主动跟秦总谈签订期权激励协议的事。小王的游戏开发出来后,为秦总的公司带来了很大收益,秦总给了小王一笔奖金作为奖励,小王去找秦总兑现期权,不料秦总却总是顾左右而言他。小王很是恼火,与秦总闹得不欢而散,最后离开了这家公司。

现实中这样出尔反尔的案例实在太多了。不管是因为人性的复杂,还是因为没有信守承诺,在巨大的利益面前,"君子约定"未必真君子,唯有一纸协议才

是最可靠的依据。所以，在商言商，为避免这样的事件发生，如果你是企业老板，诚心要留住人才，就要先制定出一套股权激励制度和协议，再去落地实施；如果你是员工，当企业老板承诺给你股权时，请他拿出切实可行的股权激励方案来表现诚意。

二、企业利益受损：进退无机制

在没有明确的退出机制的时候，员工在退出时会出现"公说公有理，婆说婆有理"的情况，企业利益很容易因此受损。

> 小王、小徐和小杨是大学同学，他们都擅长编写程序，尤其热爱玩网络游戏。基于相同的特长和爱好，三人在毕业后合伙创办了一家游戏开发公司。三人写了一份简单的协议，约定各自投入10万元，股份各占三分之一。创业的艰辛完全不同于校园象牙塔里的悠闲自在，三个月后，小王首先抗不住这种压力，决定退出，开发到一半的游戏由小徐和小杨继续完成。而小王的股权怎么处理，三人都没有明确说定。半年后，公司获得天使投资的青睐，将被注入500万元的融资。这时小王拿着之前签的一纸协议，要求继续分享公司的股权占比。这事让小徐和小杨十分头疼。
>
> 如果继续让小王持股，那么对小徐和小杨显然不公平，但是三人当初并没有约定退出机制。考虑到公司以后规模会更大，股权价值可能会更高，经过协商，小徐和小杨用50万元回购了小王手上的股权。

在这个案例中，如果当初公司有明确的股权退出和回购机制，那么，小徐和小杨就不需要付出50万元的代价了。

现实中，在利益面前争得头破血流的大有人在，企业为回购股权付出巨大代价的情况也时有发生。而避免这一切的最好办法，莫过于将股权激励机制做得更加完善，尤其是退出机制，更要请专业人士做详细的指导，尽量减少企业的损失。

三、产生利益纠纷：分配不合理

如果企业没有完善的股权激励制度，企业老板因为一时兴起或者私交较好，就给某个员工一些股权以示激励，那么这种不合理的分配，极容易导致其他员工心理不平衡，对员工积极性会造成很大的打击。

股权激励要想做到公平公正，员工和员工之间没有心理不平衡，员工和企业之间没有利益纠纷，就要做到有法可依、有制度可循。

1. 股权激励方案要尽可能做得完整、详细

对于激励对象的筛选、考核、利益分配、分配时间等都要有明确的规定。如果只有企业老板口头上的激励和承诺，而没有落实到纸面上，那么就是空口无凭，很难真正激发员工的工作热情。

2. 制度要公开透明

让激励对象明确自己的任务、业绩指标、考核要求、奖励制度，不仅能让激励对象自己心中有数，同时也能起到监督他人的作用。很多企业在实施股权激励时往往不够透明，再加上没有全面结合自身实际情况，结果导致了激励过度或者激励力度不足的现象。当激励力度不足时，企业老板往往会私下给些红包，以补偿并鼓励员工；当激励过度时，又私下对激励做缩水。这些行为都会带来负面效果——让股权激励方案形同虚设，失去应有的激励效果。

股权激励是一把"双刃剑"，它在给企业带来经济效益的同时，也会给企业管理层及激励对象带来考验。股权激励计划实施后，更需要强化监管工作，以此来防范道德风险和各种利益纠纷。

离职员工股权回购的难题

在股权激励方案的实施过程中，企业和员工的关系就像谈恋爱的男女双方，只有在你情我愿的情况下才能让利益最大化。如果一方在中途突然变卦，那么对另一方来说无疑是个沉重的打击。而最棘手的莫过于留下的"爱情结晶"——股权，该如何处理才能让彼此和气、体面地收场，似乎成了考验企业老板的一道难题。

◎ **员工离职的纠纷**

真实世界里的场景往往会偏离美好愿景的轨道，股权激励有时会让企业和员工演变到"相爱相杀"的地步。

公司觉得员工离职是对自己的"背叛",不能从一而终地为自己效力,却还想继续持有本公司的股权,这样对公司、对其他员工都不公平。

而员工会觉得,自己为公司付出了那么多,做出过不少贡献,这些股权都是当初企业承诺给自己的,现在要离开了,当然要把属于自己的股权拿回来。

企业和员工都有自己的想法,这样一来,双方必然会陷入无止境的争执中,进入尴尬的境地。但是无论怎么样,员工离职给企业带来的伤害肯定是存在的。

如果这个离职的员工在企业内部的职位比较高,掌握着公司的发展动态和经营状况,当他预知到企业将面临重大经营问题,从而提出离职,那么对企业来说无疑是巨大的打击,会加重企业的危机,也会带动其他员工离职。

此外,回购离职员工的股权会消耗公司的现金流,从而影响公司的稳定发展。员工离职,如果公司强制回购其手里的股权,也是不明智的做法。这会让别的员工对公司产生不信任感。有的持股员工在离职时会对公司给出的回购价格存在疑虑,双方因此产生股权纠纷,给企业的信誉带来不好的影响。

◎ 快刀斩乱麻,当断则断

企业和员工双方既然"感情"已破裂,作为一个明智的企业老板,必定是快刀斩乱麻,当断则断。那么究竟该怎么断呢?

1. 针对特殊情况,彻底剥夺股权

一般来说,彻底剥夺股权是针对那些严重违反公司纪律,有重大过失(如因泄露商业机密、偷盗行为、工作上出现严重失误而给公司带来巨大经济损失等)且因重大过失而被开除的员工的,属于一种惩罚措施,相当于"净身出户"。当然,这样的规章制度务必在最初的股权协议中就做好明确规定。

2. 按照净资产回购股权

相较于剥夺股权来说,按照净资产回购股权是大度的企业老板的明智选择。创业公司的净资产在初期是低于市场平均价格的,因为很多公司在创业初期都处于亏损状态。这种回购股权的方法主要针对那些离职后与公司存在重大利益冲突(如跳槽去对手公司、自己创业做竞争对手,或者在职期间严重不履行职务工作等)的员工。

3. 按照原始投资回购

按照原始投资回购,说白了就是退还本金,不计算以后的投资收益。所谓本金,就是该员工在公司初始时期投入的资金及该员工正常薪资(高)和实际薪资

（低）之间的差额。相当于员工离职后只拿回自己投入的本金，没有收益。这种方法适用于与企业协商好后"好聚好散"的员工。

4. 按照市场公允价格回购

这是一种相对来说比较折中的方式。市场公允价格可以在公司上一年度融资的价格上打一个折扣。假如公司上一年度的融资在 2 000 万左右，那么公允价格可以定在 1 000 万，取一半的价格作为提前提现的惩罚。当然，这样的创业风险很高。这样的回购方式比较常用在离职后跟企业还可以和平相处的核心员工身上。

5. 离职后可以继续保留股权

员工离职以后，可能对公司的发展与经营还会有所帮助，并且该员工也承诺在离职后会帮助公司提供资源。针对这种以后可以为公司带来利润的员工，公司可以将激励他的股权转换为一般财务投资人的股权形式，以保证他的利益不会有损失，这类方式主要是针对公司内部的核心员工。

对于离职员工的股权回购方式不是唯一的，不同的方式会带来不同的影响。各个公司可以根据自身情况来制定相关回购机制，以此来实现企业和员工之间的和谐共存，从而达到双方共赢、减少纠纷的目的。

A某在B公司一直工作得不错，基于公司对员工的股权激励计划，B公司授予A某1.8%的股权，并在公司章程中规定，与公司存在劳务关系是成为股东的必要条件，如果终止劳务关系，则必须将所有股权转让。一段时间后，A某提出辞职，但在离职时未办理股权转让手续。B公司召开股东大会，2/3以上有表决权的股东同意《股权管理办法》中的规定：股东如果辞职，就丧失持股资格，并且要在一个月内归还公司股权；如果股东拒绝按照管理规定转让，公司将强制收回，强制收回价格为该部分股权所对应的该公司上一年度未经审计的净资产值。

A某对B公司的做法感到非常不满，于是向法院提起诉讼，要求法院确认该公司的管理规定无效。法院最终驳回了A某的上诉，但是区分了《股权管理办法》的效力范围。认为强制转让条款对所有股东适用，然而规定的回购价格仅针对同意的股东。B公司随后按照法院要求，以公司规定的转让价格回购A某手里的股权，但是A某拒绝了，并再次提起诉讼。

最后法院认为股权中的一部分行权权利虽然受限于B公司，但是对于财产属性的自益权仍然要遵循私有财产不容侵犯的原则，公司不能强制收回并强制要求转让股权。最终判决 A 某依然是 B 公司的股东，B 公司仍须向 A 某支付前一时段的分红及利息。

由此可见，离职人员的股权管理不仅仅是企业内部的利益问题，还是一个企业在管理上的巨大考验，不仅要让离职员工受益，还要给留下来的员工一颗定心丸。

第 5 章

实施股权激励,老板必备的管理智慧

道——经营需求
天——明确服务对象
地——企业创始团队
将——优秀的企业员工
法——经营管理的规矩

企业实施股权激励不是企业家一个人的事，在实践中，要想让股权激励方案真正发挥作用，在思想层面上有一个重要前提，那就是要"上下同心"。而要真正实现上下同心，企业家需要具备一定的企业治理智慧。

"企业治理智慧"是管理界近年来常用的一个管理名词。简单来说，就是企业的管理理念和经营方略。这两个听起来很有意思的词语却让很多企业家探索多年，因为这两个概念当中蕴藏着丰富的企业管理真谛。

事实上，中国从古至今涌现了很多拥有极高智慧的企业家，如古代的范蠡，近代的胡雪岩、乔致庸，以及当代的柳传志、张瑞敏、冯仑、王石等。他们每一个人都用自身的经历和成就向我们证明了智慧对于企业治理的重要性。

在此，我们结合帝王治理国家的智慧——"道、天、地、将、法"，与大家共同探讨企业治理的智慧。所谓的"道、天、地、将、法"，是《孙子兵法》里的"五字奇迹"。《孙子兵法》不仅影响了中国，还影响了全世界。下面我们就来一一解读这"五字奇迹"。

道——经营需求

《孙子兵法》中写道："道者，令民与上同意也，故可以与之死，可以与之生，而不畏危也。"意思是说，所谓的"道"，能令人民和士兵对你产生一种高度的思想认同感，愿意与你同生共死，而不害怕危险。

我们知道，在历代帝王治理国家的过程当中，首先要统一臣民的思想，令他们认同帝王治理国家的价值观。因此，"道存则国存，道亡则国亡"。孙子认为，"上下同欲者胜"，所以提出了"修道而保法"的理念，强调要搞好内政，确立法制。

"道"，也指真理、规律。孔子曰："朝闻道，夕死可矣""志于道，据于德"；老子曰："道常无名，朴虽小，天下莫能臣也""以道佐人主者，不以兵强天下"。同样的道理，企业家也要掌握真理、规律和人心，唯有如此，才能确保企业立于不败之地。

但凡真正有智慧的人，在做任何一件事情之前，都必先令上下同欲、君臣一心，令所有人方向一致、目标一致、价值观一致。如果你能真正做到这一点，就能让下属认同你的观点，追随你的脚步，不会违背你的意愿，也不会惧怕未来的危险，也就是"上下同欲者胜"。

在企业管理方面，"上下同欲者胜"所表达的意思是，有梦想、有目标、有追求的团队容易取得成功。"欲"，可以解释为"需求"。人生来就是在追求财富、追求荣誉、追求被别人尊重，这就是欲，也就是我们的需求。总之，"欲"就是梦想、目标、欲望和追求。

行行有道。国家有国家的道，企业有企业的道。那么，企业的"道"是什么呢？简言之，企业的"道"就是解决需求问题。经营企业的本质上就是经营需求——消费者需要好的产品与服务，员工需要发展空间，股东需要回报，社会需要进步，等等。正因为有了这些需求，企业的发展空间才会无限大。

"道"也有"大道""小道"之分，经营大需求的企业成就"大道"，经营小需求的企业成就"小道"。

◎ 治国之道：安民智慧

中国历史上最强盛的朝代之一是唐朝，有一位皇帝叫李世民，开创了贞观盛世，他就深谙治国之道。"君，舟也，民，水也，水能载舟，亦能覆舟"，能让人民安居乐业，这就是治国之道。

◎ 企业之道：利他精神

如果能让每一个员工都过上幸福的生活，那么，这个企业一定是幸福和谐的，企业之道就是利他精神。无论是个人还是企业，都要有利他精神，这件事说来很容易，做起来却很难。但是，经营企业一定要有这个追求。

◎ 老板之道：渡人如渡己

"渡人如渡己"，就是用你的平台、你的产品去渡人。换个通俗的解释就是，老板要用自己的产品去帮助客户解决问题，用自己的平台去支持员工实现梦想，这就是老板之道。

◎ 员工之道：成人达己

"成人达己"，就是通过企业提供的平台，在支持企业实现目标的同时，也实现自己的个人目标，这就是员工之道。

☞ 天——明确服务对象

何为"天"？

在治理国家层面，"天"是指人民。姜子牙辅助周武王治理天下时，谈了一个非常重要的概念，"天下非一人之天下，乃天下人之天下也""同天下之利者，则得天下；擅天下之利者，则失天下"。周王朝之所以能得天下800年，与此道理是密不可分的。

在战争层面，"天"指的则是阴阳、寒暑，也就是我们通常所说的"天时"，或者说是机遇、季节、时机、形势。《鬼谷子》中说，"变化无穷，各有所归，或阴或阳，或柔或刚，或开或闭，或弛或张"，就强调了这几个方面。

上文中提到，企业之道是利他精神，而利他就要了解他人的需求，也就是儒家的"仁"——"己欲立而立人，己欲达而达人。"那么，企业的"天"又是什么呢？很简单，企业的服务对象就是企业的天：面对员工时，员工就是企业的天；面对客户时，客户就是企业的天。总结起来就是两件事：企业能满足多少人的需求，能满足什么样的需求。

既然企业的"天"就是企业的服务对象，那么要服务好客户，首先得服务好员工，只有服务好员工，才能吸引更多优秀的人才加入，建立更大的平台，为企业创造更大的价值。对于老板而言，企业的天是员工，而不是客户，客户是上帝的上帝。在真正的企业家眼中，员工是上帝，是第一客户，只要有满意的员工，就会有令人满意的产品和市场；有了令人满意的市场，方能有令人满意的回报，即有经济效益。

经营企业的本质就是经营他人的需求，最基本的就是经营员工的需求。总体来说，员工的需求大致包括工作快乐（心灵层面）、衣食无忧（生存层面）、拥有股份及成为高管。而拥有股份的目的是拥有一份事业，拥有一份成就，拥有一份来自社会的认同和他人对自己的尊重。事实上，股份只是一个载体，承载着这些需求，在企业里，这些需求就是"天"的需求。作为企业家，对此必须充分了解。

◎ 基层员工：一分耕耘，一分收获

在企业中，基层员工的需求有很多，例如，生存、生活、加薪、升职。

实际上，对于基层员工来说，他们渴望的是一种生存的安全感、生活的保障，以及对未来的期待和希望。他们的主导需求停留在马斯洛需求层次理论中的"生理和安全"层面。因此，老板要与基层员工形成利益共同体，做到让员工"一分耕耘，一分收获"。

不赞成企业全员持股，除非你的企业是世界级的企业。所以，对于基层员工，几乎不需要做股权激励。事实上，如果企业家有一份善待员工的心，给基层员工的工资福利稍好一点，如高出同行5%～20%的薪资，基层员工心里就会有满满的喜悦感。

◎ 中层干部：尊爵赡财，接礼励义

企业中层干部的主导需求是什么？他们渴望被认同、被尊重，渴望一种归属感。因此，对中层干部要"尊爵赡财"，给予他们科学的职业规划和合理的薪酬福利，发自内心地尊重他们。企业家需要把走进企业的每一个人都看成企业的一部分，他们未来的发展与企业是息息相关、密不可分的。因此，只要做到"尊爵赡财"，天下有德之士就会纷纷投奔而来。

人才不是被招聘来的，而是被吸引和感召来的。人才因什么而来，就会因什么而走。所以，靠"尊爵赡财"吸引人才是一种智慧，更是一种境界。那么，企业如何留住人才呢？我们认为，要靠"接礼励义"。"接"，即连接，"礼"，即礼貌，也就是说，平时与人才沟通时，要以礼相待，满足其渴望被尊重的需求；"励"，即鼓励，也就是说，要认同、嘉许，使人才被认同，此处也可以延伸为"教育"；"义"，即义气、忠义、责任、奉献和付出，是一种感恩、敬畏与忠诚，也是一种仗义。如果把上述这几个字悟透，就能掌握股权激励的精髓。

"尊爵赡财，接礼励义"的出处是，"用人之道，尊以爵，赡以财，则士自来；接以礼，励以义，则士死之"，是当年张良的师傅黄石公讲给张良听的，后来张良以此协助刘邦成就了天下大业。

◎ 核心高管：共生共荣，同创共享

企业核心高管的主导需求是什么？答案是自我实现。因此，老板要与核心高管"共生共荣，同创共享"。也就是说，企业家与核心高管要形成精神、利益的共同体。

综上所述，就可以设计出企业整体的薪酬结构体系。在设计薪酬结构体系时需要遵循一个原则：老板要与核心高管成为精神、利益共同体；与中层干部形成荣誉、事业共同体；与基层员工形成利益共同体。针对不同的共同体，企业家要给予不同的设计安排：针对利益共同体，多加点工资；针对荣誉、事业共同体，可以给在职分红；针对精神、利益共同体，不但要给股份，还要给荣誉。同理，对核心高管的激励是注册股激励；对中层干部的激励是虚股激励；对基层员工的激励是薪酬福利。这就形成了企业整体的薪酬结构。

地——企业创始团队

何为"地"？在国家层面，地是一种承载。脚下这方厚土，承载万物之根基。地，也指地势、地利、资源和交通状况。良好的地势有助于形成强大的兵势，所以，造势也是用兵的法则之一。《孙子兵法》中说："善战者，求之于势，不责于人。"

将其引申到企业经营领域，"地"是指经营环境，即政策、资源和承载团队发展的平台。政策是指国家和政府的支持力度，资源是指员工、资金及配套资源，承载团队发展的平台则是指公司本身。一个有信仰、有理想、有凝聚力的公司能吸引无数优秀的人才加入。因此，公司是"地"，开发事业平台的元老、创业元老也是"地"。我们应该如何去爱"地"，如何去敬"地"呢？很简单，由上而下是"施与恩"，由下而上是"道与义"。如果能将"施与恩"和"道与义"处理得好，那么企业将成为无比坚实的发展平台。

至于股权激励的实施，我们认为，企业要对激励人群进行区分。

在企业中，股份只能给一种人——"人财"。具体而言，这种人既要有足够的能力，能为企业创造财富，又要在内心绝对认同企业。我们将其称为第一种人，企业对于这种人一定要重用。

当然，还有第二种人，他们虽然能力很强，内心却不认同企业。这种人能力越强，对企业的破坏性越大，通常称为"人灾"。企业对这种人必须淘汰。

第三种人没有什么能力，人在心不在，所以称为"人在"。对他们，企业可以通过优胜劣汰机制进行选择。

第四种人是"人才"，虽然能力很强，但态度不太好。企业对于这种人要阶段性地利用，而不是重用。

企业中的第五种人，即对企业的认同度很高，思想层面与企业完全契合，但能力一般，企业中这样的人很多，这种人可以称为"人手"。企业对这种人可以重点培养使用，甚至可以给他一点在职分红，待其能力提升后可以重用。

将——优秀的企业员工

"将"，是指将领的素质。孙子提出了为将的"五德"，即智、信、仁、勇、严。

在国家层面，具有"智、信、仁、勇、严"的人才能被称为将，文能安邦，武能定国，有保家卫国之能力，有舍生取义之精神。"智能发谋，信能赏罚，仁能附众，勇能果断，严能立威"，这也可以称为世界上第一个管理者的胜任力模型。

将此概念引申到企业经营当中，"将"，就是指如何发现和培养优秀的企业干部。除了上面提到的"五德"之外，企业还需要注意员工三个方面的因素，即信仰、精进和奉献。

具体来说，什么样的人可以作为企业之将呢？成为企业股东都有哪些必备条件呢？下面来详细论述。

◎ 信仰

何为"信仰"？信仰先从相信开始，从相信到产生信心，再到产生一种依赖，最后成为一种信仰。

信仰的基础是"信"，即首先要相信。要相信到什么程度呢？要相信到敬畏的程度。假设员工不认同企业的文化和理念，就不要成为企业的股东，否则会很纠结。相信企业包括相信企业的未来、相信企业能帮助自己实现梦想、相信老板的为人、相信组织的变革和成长，还有更重要的一点，在企业存在问题的时候依然相信企业。

我们都知道，没有问题的企业是不存在的。小到刚刚创业的小公司，大到每年销售额达到两三千亿元的大企业，每个企业都有问题。企业规模越大，问题就越多、越尖锐、越复杂。但问题也是机会，正因为企业有问题，员工的价值才能够得以体现。

要经常性地问问自己："在企业出现问题时，我还能不能相信企业？""在错综复杂的问题面前，我能不能找到其本质？"如果给这个问题的回答打分，相信是1~2分，信任是3~4分，信赖是5~6分，信念是7~8分，信仰是9~10分，你能为自己打几分？

◎ 精进

何为"精进"？精进，以使命为核心，以利他为导向，为了满足企业的发展需要，员工自身要不断地成长，成为企业所在领域的专家。企业不必奢求员工对本行业有多高的见解，但是最起码要能做到独当一面。换句话说，要想成为企业股东，员工必须有大局观，以整体利益为重。假设某一天你突然觉察到自己已无法驱动企业发展，甚至成为企业成长的阻碍，那就要主动退位让贤，不能让企业的列车因你而停止或者减速行驶。

因此，你首先要有很高的精神境界和思想高度，为了不让自己阻碍企业的发展，你必须要不断地成长和蜕变。

"世界第一CEO"杰克·韦尔奇当初选择合作伙伴和股东时，所提出的必备条件之一就是"精进"。他对精进有以下解释。

（1）必须是行业的专家，对行业有独特的见解，且不可替代。

（2）善于学习和成长。能够发现自己与他人的差距，善于学习，在海量的信息面前知道哪些能为己所用。

（3）有大局观。如果让没有大局观的人成为股东，企业会"死得很难看"。

（4）必须尊重他人。

根据上述有关"精进"的4项标准，你可以问问自己，到目前为止，你是不是行业的专家且不可替代？你是不是拥有一颗不断上进之心？你是否有全局观、整体观？真正能够有成就的人，一定是很谦卑的人，这个人是你吗？时刻自省的人才能不断精进和提升自己，最终才能有所成就。

◎ 奉献

你今天收获了什么，源于过去你为他人奉献了什么；反之，你今天缺少什么，源于过去你在这方面奉献和付出得不够。例如，今天你得到了别人的尊重，说明你过去一直在尊重别人；你现在心中有满满的爱和喜悦，源于你过去一直在给予他人爱和喜悦。在企业当中，没有奉献精神的人，注定不会成为优秀的管理者和股东。而要想成为一名股东，需要奉献些什么呢？

（1）奉献时间。一说到奉献时间，就会让人联想到效率。西方国家认为，上班的8个小时不属于员工本人，因为企业已经花钱把这8个小时买走了，假设员工在这8个小时内做与工作无关的事，那就是在偷窃。而在中国，时间概念似乎没有那么清晰。但是，假设连8个小时的工作都不能兢兢业业、不断精进，那就不配当股东。通常情况下，老板和股东不止工作8个小时，如果每天能有8个小时不工作就谢天谢地了。这就是奉献时间。

（2）奉献才华。也就是说，把内在真正的思想结晶毫无保留地呈现出来。

（3）奉献财富。这里所说的"财富"，包括才华和时间，但更重要的是指要有一种投资理念，真正与企业共荣辱、同进步。例如，有一名股东，他所在的公司不止他一个股东，而且他的股份很少，但他说："当企业有需要的时候，我会把我家里的全部积蓄第一时间投入公司。"事实上，公司并不一定需要他这么做，但是他对公司的这份敬畏和感恩是十分珍贵的。

为将之道，必须充满热忱、无私奉献，并且发自内心地享受奉献的过程，方能成就一份事业。

法——经营管理的规矩

何为"法"？法就是法纪、制度、结构、编制、配置、权责等。在国家层面，有国家之法，如宪法、民法、刑法、交通法、婚姻法等。法要惩恶扬善，保障大多数人的幸福。企业也有企业之法。在企业经营、管理的过程中，法纪、条例、标准是否得以贯彻，可以成为判断一个企业优劣的标准。

在实践中，"法"是为了保障多数人的利益。

在西方国家，人们为什么不闯红灯？因为他们的制度设计得太科学了。在西方国家闯红灯，不仅会被扣分罚款，而且在买保险时费率会加倍，去银行贷款时信用度会降低，去医院预约看病时也会受到影响。更有甚者，闯一次红灯可能就会被企业解雇。

西方人重视对物、对组织的管理，重视科学管理、理性管理、最佳化管理、精确管理，以及创新性的、战略性的、知识性的管理。中国式的管理则主张弱、柔，主张学习道家哲学，无为而治，"治大国若烹小鲜"。

上述两种管理理念，无所谓哪个更好。但是，有一点应该是相同的，那就是无论哪种管理方式，最终的目的只有一个：保障多数人的利益。

表5-1所示为一个实操工具，是针对"道、天、地、法、将"所做的一个简单的自我检测。请根据企业的实际情况，对每一项从1到10进行打分。根据得分就能知道，你的企业为什么会是如今这样，未来又该向何处发展。

表5-1 企业的自我检测

项目	分值	自我评价得分
道（经营需求）	1（利己）~ 10分（利他）	
天（员工）	1（利用员工）~ 10分（成就员工）	
地（企业老板和股东）	1（不敬爱、不拥护、不相信）~ 10分（敬爱、拥护、相信）	
将（优秀的员工）	1（不信仰、不精进、不奉献）~ 10分（信仰、精进、奉献）	
法（企业的规矩）	1（不科学、不可行、不系统、不可执行）~ 10分（科学、可行、系统、可执行）	

商场如战场，作为企业家，一个企业的带头人，不仅要学习、借鉴先人治理国家的智慧，而且要将其应用到企业管理的实际中去，将传统的中国式管理智慧与西方管理技术结合起来，形成自身独特的管理理念和管理智慧。在正确的管理理念的指导下，拥有一定管理智慧的企业家才能为导入股权激励制度做好铺垫，企业才能做到无往而不利。

附录　股权激励模式的实操案例

背景资料说明

公司工商信息

公司名称：××××有限公司

注册日期：2008年8月16日

注册资金：500万元

法人姓名：张××

一、公司组织架构

公司组织架构如附图1所示。

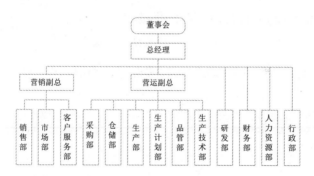

附图1　公司组织架构

公司董事及核心管理团队的情况如附表1所示。

附表1　公司董事及核心管理团队的情况

序号	姓名	职务	简介	成员性质
1	张××	董事长	公司创始人及投资人，占公司股份的45%	董事
2	孟××	董事	公司创始人，占公司股份的10%	董事
3	梁××	董事	公司创始人，占公司股份的10%	董事
4	李××	董事	公司投资人，占公司股份的35%	董事
5	刘××	总经理	职业经理人，2014年4月加入本公司	核心管理团队
6	张××	销售副总	职业经理人，2014年4月加入本公司	核心管理团队
7	关××	营运副总	公司创业元老	核心管理团队
8	赵××	研发部经理	2004年加入本公司	核心管理团队

二、公司发展历程

2008年,公司创立,核心业务是给手机厂家生产配套主板。

2009年,公司在张董事长的带领下拓展市场,通过了A和B两个国内手机大厂的供应商评审,并开始取得订单。

2010年,A厂和B厂的订单稳定增长。

2011年,A厂和B厂的订单稳定增长,同时开拓了若干小的手机厂家。

2012年,A厂和B厂的订单稳定,若干小的手机厂家的订单有所增长,同时开拓了部分国外市场。

2013年,客户的订单稳定,国外的市场萎缩。

2014年,客户的订单受市场影响,整体开始萎缩。

2015年,市场销售额开始回升。

1. 核心高管的激励机制——超额利润激励

公司近几年的经营状况及预估的未来几年的经营状况如附表2所示。

附表2 公司近几年的经营状况及预估的未来几年的经营状况

单位:万元

年度	销售额	目标利润	实际利润	超额比例	利润增长率	备注
2009年	1 000		-100		—	
2010年	1 800		200		—	
2011年	2 600		300		50%	
2012年	3 300		400		33%	
2013年	3 500		500		25%	
2014年	2 900		420		-16%	
2015年	3 800	600	600	0%	43%	
2016年	5 940	842	950	13%	58%	根据2015年利润设定未来3年利润目标
2017年	8 820	1 183	1 500	27%	58%	
2018年	14 710	1 661	2 500	51%	67%	
2019年	22 830	3 510	4 110	17%	64%	三年重新设定目标
2020年	31 280	4 928	5 630	14%	37%	
2021年	43 330	6 919	7 800	13%	39%	

激励政策如下。

（1）0＜利润超额比例≤25%，奖励超额部分的15%。

（2）25%＜利润超额比例≤50%，奖励超额部分的25%。

（3）50%＜利润超额比例，奖励超额部分的45%。

激励奖金在核心团队中的分配比例如附表3所示。

附表3　激励奖金在核心团队中的分配比例

人员	刘总	张副总	关副总	赵经理	其他经理
分配比例	30%	15%	15%	10%	30%

2. 设定三年的利润目标

公式如下。

当年利润目标＝上一年利润×（1+无风险利润率）×（1+利润增长率）

2015年公司的利润为600万元，公司希望在今后几年保持30%的利润增长率，无风险利润率为8%，则后三年的公司利润目标为：

2016年的利润目标＝600×（1+8%）×（1+30%）＝842（万元）

2017年的利润目标＝842×（1+8%）×（1+30%）≈1 183（万元）

2018年的利润目标＝1 183×（1+8%）×（1+30%）≈1 661（万元）

说明：

（1）设定年度利润以后，则无论今年完成多少，明年仍按当初设定的执行。例如，今年的目标是1 000万元，明年是1 404万元，即使今年完成了1 500万元，明年的目标仍然是1 404万元。

（2）若上年度的目标没有达成，则今年超额部分须补齐上年的差额部分，然后才能进行超额利润奖励。

（3）三年过去后，则重新设定新的三年目标（之前明确此激励方案有效期的除外）。

公司核心高管超额利润激励计算结果如附表4所示。

附表4　公司核心高管超额利润激励计算结果

单位：万元

年度	销售额	目标利润	实际利润	超额利润	超额比例	奖励比例	奖励额	刘总 30%	张副总 15%	关副总 15%	赵经理 10%	其他经理 30%
2015年	3 800	600	600	0	0%	0%	0.000	0.000	0.000	0.000	0.000	0.000
2016年	5 940	842	950	108	13%	15%	16.140	4.842	2.421	2.421	1.614	4.842

续表

年度	销售额	目标利润	实际利润	超额利润	超额比例	奖励比例	奖励额	刘总经理30%	张副总15%	关副总15%	赵经理10%	其他经理30%
2017年	8 820	1 183	1 500	317	27%	25%	79.318	23.795	11.898	11.898	7.932	23.795
2018年	14 710	1 661	2 500	839	51%	45%	377.751	113.325	56.663	56.663	37.775	113.325
2019年	22 830	3 510	4 110	600	17%	15%	90.000	27.000	13.500	13.500	9.000	27.000
2020年	31 280	4 928	5 630	702	14%	15%	105.294	31.588	15.794	15.794	10.529	31.588
2021年	43 330	6 919	7 800	881	13%	15%	132.155	39.646	19.823	19.823	13.215	39.646

公司的实际利润、超额利润、奖励额与刘总激励额的对比如附图2所示。

超额利润、奖励额与刘总经理激励额的对比图

	2015	2016	2017	2018	2019	2020	2021
超额利润	0	108	317	839	600	702	881
奖励额	0	16	79	378	90	105	132
刘总经理激励额	0	4.8	23.8	113.3	27	31.6	39.6

附图2　公司实际利润、超额利润、奖励额与刘总激励额的对比

超额利润、奖励额与刘总激励额的对比如附图3所示。

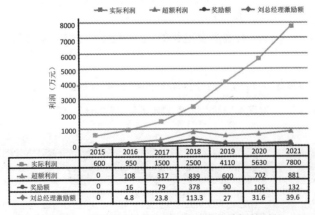

公司的实际利润、超额利润、奖励额与刘总激励额的对比图

	2015	2016	2017	2018	2019	2020	2021
实际利润	600	950	1500	2500	4110	5630	7800
超额利润	0	108	317	839	600	702	881
奖励额	0	16	79	378	90	105	132
刘总经理激励额	0	4.8	23.8	113.3	27	31.6	39.6

附图3　超额利润、奖励额与刘总激励额的对比

三、核心高管的激励机制——在职分红、限制股、注册股激励

考核对象：公司核心管理团队成员（包括刘总、张副总、关副总、赵经理）。

考核时间：

第一阶段，在职股激励阶段（2016年1月1日—2016年12月31日）。

第二阶段，限制股激励阶段（2017年1月1日—2018年12月31日）。

第三阶段，注册股激励阶段（2019年1月1日—2023年12月31日）。

考核指标：

（1）价值观，一票否决制。价值观必须与企业一致。具体的表现为愿意与企业共同成长，认同企业理念。例如，愿意与企业签订劳动合同、竞业禁止协议和保密协议。

（2）公司指标，上下浮动制。公司指标达85分及以上的系数为1；70～85分（不含85分）的，系数为0.7；70分以下的，系数为0。

（3）部门指标，上下浮动制。公司指标达85分及以上的系数为1；70～85分（不含85分）的，系数为0.7；70分以下的，系数为0。

（4）自律项，一票否决制。遵守公司规定，违反次数超过规定次数后即一票否决。例如，规定是5次，当违反制度的次数达到6次时，即一票否决。

（5）品德项，一票否决制。为人处世符合社会习惯，具有良好的品德。例如，由员工进行表决，85%以上投赞成票即为合格。

（6）成长项，上下浮动制。学习投资等于或高于收入的5%，系数为1；学习投资每降低1%，成长项系数降低0.05。例如，本年度学习投资为收入的4%，则成长项系数为0.95。成长项系数最低为0.80。

第一阶段——在职股激励阶段。

2016年核心高管在职股实际考核结果如附表5所示。

附表5　2016年核心高管在职股实际考核结果

被考核对象	刘总	张副总	关副总	赵经理
考核时间	2017年1月15日	2017年1月15日	2017年1月15日	2017年1月15日
担任职位	总经理	销售副总	营运副总	研发部经理
应激励额度	7股	5股	3股	1股
价值观	合格，系数为1	合格，系数为1	合格，系数为1	合格，系数为1

续表

被考核对象	刘总	张副总	关副总	赵经理
公司指标	公司指标考核=85分 考核结果：系数为1	公司指标考核=85分 考核结果：系数为1	公司指标考核=85分 考核结果：系数为1	公司指标考核=85分 考核结果：系数为1
部门指标	部门指标考核=85分 考核结果：系数为1	部门指标考核=75分 考核结果：系数为0.7	部门指标考核=78分 考核结果：系数为0.7	部门指标考核=85分 考核结果：系数为1
自律项	合格，系数为1	合格，系数为1	合格，系数为1	合格，系数为1
品德项	合格，系数为1	合格，系数为1	合格，系数为1	合格，系数为1
成长项	考核结果：系数为1	考核结果：系数为1	考核结果：系数为1	考核结果：系数为1
激励额度考核结果	7股	3.5股	2.1股	1股

第二阶段——限制股激励阶段。

刘总的考核结果如附表6所示。

附表6 刘总的考核结果

考核方式	在职股考核	限制股考核	限制股考核
考核时间	2017年1月15日	2018年1月15日	2019年1月15日
担任职位	总经理	总经理	总经理
应激励额度	7股	3.5股	3.5股
价值观	合格，系数为1	合格，系数为1	合格，系数为1
公司指标	公司指标考核=85分 考核结果：系数为1	公司指标考核=78分 考核结果：系数为0.7	公司指标考核=85分 考核结果：系数为1
自律项	合格，系数为1	合格，系数为1	合格，系数为1
品德项	合格，系数为1	合格，系数为1	合格，系数为1
成长项	考核结果：系数为1	考核结果：系数为1	考核结果：系数为1
激励额度考核结果	7股	2.45股	3.5股

张副总（销售副总）的考核结果如附表 7 所示。

附表 7　张副总（销售副总）的考核结果

考核方式	在职股考核	限制股考核	限制股考核
考核时间	2017 年 1 月 15 日	2018 年 1 月 15 日	2019 年 1 月 15 日
担任职位	销售副总	销售副总	销售副总
应激励额度	5 股	1.75 股	1.75 股
价值观	合格，系数为 1	合格，系数为 1	合格，系数为 1
公司指标	公司指标考核 = 85 分 考核结果：系数为 1	公司指标考核 = 85 分 考核结果：系数为 1	公司指标考核 = 85 分 考核结果：系数为 1
部门指标	部门指标考核 = 75 分 考核结果：系数为 0.7	部门指标考核 = 80 分 考核结果：系数为 0.7	部门指标考核 = 79 分 考核结果：系数为 0.7
自律项	合格，系数为 1	合格，系数为 1	合格，系数为 1
品德项	合格，系数为 1	合格，系数为 1	合格，系数为 1
成长项	考核结果：系数为 1	考核结果：系数为 1	考核结果：系数为 1
激励额度考核结果	3.5 股	1.225 股	1.225 股

关副总（营运副总）的考核结果如附表 8 所示。

附表 8　关副总（营运副总）的考核结果

考核方式	在职股考核	限制股考核	限制股考核
考核时间	2017 年 1 月 15 日	2018 年 1 月 15 日	2019 年 1 月 15 日
担任职位	营运副总	营运副总	营运副总
应激励额度	3 股	1.05 股	1.05 股
价值观	合格，系数为 1	合格，系数为 1	合格，系数为 1
公司指标	公司指标考核 = 85 分 考核结果：系数为 1	公司指标考核 = 85 分 考核结果：系数为 1	公司指标考核 = 85 分 考核结果：系数为 1
部门指标	部门指标考核 = 78 分 考核结果：系数为 0.7	部门指标考核 = 80 分 考核结果：系数为 0.7	部门指标考核 = 79 分 考核结果：系数为 0.7
自律项	合格，系数为 1	合格，系数为 1	合格，系数为 1
品德项	合格，系数为 1	合格，系数为 1	合格，系数为 1
成长项	考核结果：系数为 1	考核结果：系数为 1	考核结果：系数为 1
激励额度考核结果	2.1 股	0.735 股	0.735 股

赵经理（研发部经理）的考核结果如附表9所示。

附表9　赵经理（研发部经理）的考核结果

考核方式	在职股考核	限制股考核	限制股考核
考核时间	2017年1月15日	2018年1月15日	2019年1月15日
担任职位	研发部经理	研发部经理	研发部经理
应激励额度	1股	0.5股	0.5股
价值观	合格，系数为1	合格，系数为1	合格，系数为1
公司指标	公司指标考核＝85分 考核结果：系数为1	公司指标考核＝85分 考核结果：系数为1	公司指标考核＝85分 考核结果：系数为1
部门指标	部门指标考核＝85分 考核结果：系数为1	部门指标考核＝85分 考核结果：系数为1	部门指标考核＝85分 考核结果：系数为1
自律项	合格，系数为1	合格，系数为1	合格，系数为1
品德项	合格，系数为1	合格，系数为1	合格，系数为1
成长项	考核结果：系数为1	考核结果：系数为1	考核结果：系数为1
激励额度考核结果	1股	0.5股	0.5股

第三阶段——注册股激励阶段。

（1）限制股考核完成后，即进入注册股锁定阶段，本案例的锁定期设定为5年。附表10所示为注册锁定一览表。

附表10　注册锁定一览表

序号	姓名	职务	限制股考核结果	锁定期
1	刘××	总经理	5.95股	2019年1月1日—2023年12月31日
2	张××	销售副总	2.45股	2019年1月1日—2023年12月31日
3	关××	营运副总	1.47股	2019年1月1日—2023年12月31日
4	赵××	研发部经理	1.00股	2019年1月1日—2023年12月31日

（2）锁定期的要求。

①签署《股权激励协议书》。

②签署《保密协议书》。

③签署《竞业禁止协议书》。

（3）锁定期到期。

正式注册持有者的股份，或者由企业回购其股份。